ALEXANDRA HIRSCHFELDER · SABINE OFFENBORN

LECKER OHNE ...

MILCH

Köstlich kochen und backen
Die leckersten natürlichen Alternativen

humboldt

VORWORT

Liebe Leserin, lieber Leser,

Milch ist einerseits ein natürliches und beliebtes Lebensmittel, das viele wichtige Nährstoffe für eine gesunde und ausgewogene Ernährung enthält. Andererseits ist der Genuss von Milch aus gesundheitlichen Gründen für viele Menschen nicht ungetrübt. Noch vor wenigen Jahren hieß es: „In der Milch ist alles, was der Körper braucht." Heute stehen immer häufiger Unverträglichkeiten und Allergien gegen Trinkmilch im Fokus.

In Deutschland leiden beispielsweise etwa zehn Millionen Menschen an Laktoseintoleranz. Bei dieser Nahrungsmittelunverträglichkeit können die Betroffenen den in der Milch enthaltenen Milchzucker (Laktose) nicht verdauen, da ihnen das dazu notwendige Enzym (Laktase) fehlt. Der Enzymmangel kann sowohl erblich bedingt als auch Folge einer Erkrankung sein. Die Lebensmittelindustrie hat sich darauf eingestellt und bietet seit einigen Jahren zahlreiche laktosefreie Produkte an, die wir in diesem Buch genau unter die Lupe nehmen. Welche sind wirklich notwendig und welche sind überflüssig?

Allergien gegen das Milcheiweiß der Kuhmilch sind dagegen vergleichsweise selten und betreffen überwiegend Säuglinge und Kleinkinder. Meist verliert sich diese Allergie bis zum Schulalter wieder. In diesem Zusammenhang beschäftigen wir uns auch mit der Kennzeichnung von Milch und Milchprodukten in Lebensmitteln, zum Beispiel hinter welchen Begriffen auf der Zutatenliste sich Milch verbergen kann.

Viele Ernährungstrends werden von Prominenten, Medien und Industrie befeuert und erfahren so eine große Aufmerksamkeit. Milch kommt dabei neuerdings häufig schlecht weg. Sie wird als ungesundes Lebensmittel dargestellt, das für den menschlichen Organismus ungeeignet ist und damit unserer Gesundheit schaden soll. Diesen Trend wollen wir untersuchen.

Mit diesem Buch möchten wir Ihnen helfen, sicher zu entscheiden, wann es nötig ist, auf Milch und Milchprodukte zu verzichten. Wir beschäftigen uns mit den Inhaltsstoffen der Milch, welche Nährstoffmängel durch den Verzicht auf Milch entstehen können und wie Sie diesen am besten vorbeugen. Es gibt heute eine große Auswahl an Milchersatzprodukten, die Sie kaufen oder selbst herstellen können. Da viele Menschen bewusst auf zu viele tierische Lebensmittel verzichten möchten, ist die Auswahl an Pflanzendrinks und pflanzlichem Käseersatz in den letzten Jahren stark angewachsen. Wir schauen uns diese Produkte genauer an – welche sind empfehlenswert und welche nicht?

Seit 2009 wird in der *leckerohne.de*-Küche unter anderem milchfrei gekocht und gebacken. Für diesen Ratgeber haben wir wieder zahlreiche neue Rezepte entwickelt, die sich einfach und schnell zubereiten lassen und die viel Abwechslung in Ihren Speiseplan bringen. Dabei ist es nicht nötig, auf Leckereien wie Desserts, Eis oder Kuchen zu verzichten – dafür, wie auch für Saucen, Aufläufe und Pizza gibt es köstliche Alternativen.

Wir wünschen Ihnen viel Freude beim Nachkochen und einen guten Appetit!

Ihre
Sabine Offenborn
Alexandra Hirschfelder

RUND UM MILCH UND MILCHERSATZ-PRODUKTE

Immer mehr Menschen beschließen aus unterschiedlichen Gründen, keine Milch oder Milchprodukte mehr zu sich zu nehmen. Mit einigen dieser Gründe beschäftigen wir uns in diesem Kapitel. Wir stellen Ihnen außerdem verschiedene Produkte vor, mit denen Sie die Milch lecker ersetzen können, und schließlich zeigen wir Ihnen, wie Sie zu den gesunden Inhaltsstoffen der Milch kommen, auch wenn Sie auf Milchprodukte verzichten.

WARUM AUF MILCH VERZICHTEN?

Verträgt der Mensch überhaupt Milch?

Der allergrößte Teil der Weltbevölkerung nimmt keine Kuhmilch oder Kuhmilchprodukte zu sich. Menschen in Afrika, Indien und China vertragen sie nicht, aus genetischen Gründen kann ihr Darm den Milchzucker aus der Kuhmilch nicht verwerten. Lediglich Säuglinge besitzen noch das Enzym, um Milchzucker zu spalten, deshalb vertragen sie die milchzuckerreiche Muttermilch gut. Wenn die Kinder Zähne bekommen und immer mehr andere Lebensmittel essen, nimmt auch das Enzym im Darm langsam ab. Irgendwann werden die Kinder nicht mehr gestillt, und ein Enzym, das nicht mehr benötigt wird, muss auch nicht gebildet werden. Die Kinder sind dann nicht mehr in der Lage, Milch zu verwerten. In diesen Ländern ist die Milch folglich seit Generationen vom Speiseplan verschwunden.

> **!**
>
> Das Enzym Laktase spaltet die Milch im Darm auf.

Ursprünglich konsumierten auch Europäer keine Kuhmilch, also brauchten sie keine milchzuckerspaltende Laktase und folglich wurde das Enzym im Darm nicht gebildet. Das änderte sich vor über 7000 Jahren. Da wurden die Wandervölker in Europa sesshaft und begannen, Landwirtschaft und Viehzucht zu betreiben – die Milch und das Fleisch der Tiere wurde wichtiger Bestandteil der Ernährung. Nach und nach stellte sich der Darm auf die neue Nahrungsquelle ein, nun war er in der Lage, den Milchzucker zu spalten und konnte die Milch gut verwerten.

Mittlerweile scheint es so, als würde die Verträglichkeit von Milch wieder abnehmen. Immer mehr Menschen berichten von körperlichen Beschwerden und entwickeln Symptome wie Blähungen, Durchfall oder Kopfschmerzen nach dem Verzehr von Milch und Milchprodukten. Sind diese Beschwerden wirklich auf den Zucker oder das Eiweiß in den Milchprodukten zurückzuführen, oder sind doch eher die veränderten Essgewohnheiten der letzten Jahrzehnte die Ursachen? Vermutlich ist so manche vermeintliche Laktoseintoleranz oder gar Milcheiweißallergie auf andere Störungen im Verdauungstrakt zurückzuführen. Daher sollte jeder, der unter entsprechenden Beschwerden leidet, einen Arzt oder Ernährungsberater konsultieren. Diese Fachleute können dabei helfen, die Ursachen herauszufinden.

Auf den folgenden Seiten befassen wir uns damit, was die Menschen dazu bewegt, keine Milchprodukte zu konsumieren. Dies sind vornehmlich drei Gründe:

- Milchprodukte enthalten viele tierische Fette, die gemeinhin als ungesund gelten. Auf Milchprodukte zu verzichten bedeutet daher auch, den Konsum an ungesunden Fetten zu reduzieren.
- Viele Menschen möchten keine Lebensmittel essen, für die Tiere unter unwürdigen Bedingungen gehalten oder getötet werden. Diese Menschen ernähren sich aus ethischen Gründen vegan, sie konsumieren also weder Fleisch noch Milchprodukte.
- Menschen mit einer Laktoseintoleranz oder Milcheiweißallergie reagieren mit deutlichen körperlichen Symptomen, wenn sie Michprodukte zu sich nehmen. Sie müssen reine Trinkmilch aus gesundheitlichen Gründen weitgehend oder komplett meiden.

Tierische Fette in Milchprodukten

Viele Menschen verzichten auf Milch und Milchprodukte, weil sie keine tierischen Fette zu sich nehmen möchten, die als ungesund gelten. Denn tierische Fette haben einen hohen Anteil an gesättigten Fettsäuren, die als Ursache für zu hohe Cholesterinspiegel im Blut gesehen werden. Milch besteht aus drei bis sechs Prozent Fett, der Fettgehalt und die Art der Fettsäuren variiert je nach Rinderart, Haltung und vor allem dem Futter, das die Tiere bekommen.

Milch besteht zu einem großen Teil aus gesättigten Fettsäuren und zu einem eher geringen Teil aus mehrfach ungesättigten Fettsäuren. Mehr dazu lesen Sie im nächsten Abschnitt. Besonders der Anteil der mehrfach ungesättigten Fettsäuren ist von der Art des Futters abhängig. Milch von Kühen aus biologischer Tierhaltung oder Kühen, die längere Zeit auf der Weide verbringen und frisches Gras essen (Weidemilch), hat einen etwas höheren Anteil an mehrfach ungesättigten Fettsäuren. Milchprodukte, die wenig Fett und mehr ungesättigte Fettsäuren enthalten, sind also prinzipiell gar nicht so ungesund für uns.

Trinkmilch gibt es mit 1,5 bis 3,8 Prozent Fettgehalt. Bei Frischmilch schwimmt das Fett obenauf, der Rahm wird abgeschöpft und als saure Sahne, Schmand, Schlagsahne oder Crème fraîche weiterverarbeitet. Diese Produkte haben mit zehn bis 40 Prozent einen höheren Fettanteil als Trinkmilch. Wenn aus der Milch Butter hergestellt wird, hat die dabei anfallende Buttermilch weniger als ein Prozent Fett, die Butter selbst ist dagegen mit 84 Prozent sehr fettreich. Um aus Milch Käse herzustellen, wird die (fettarme) Molke von der Milch abgetrennt und der übrige Quarktopfen dann zum Reifen gelagert. Der Käselaib verliert während der Reifezeit an Wasser und der Anteil der Fette in der Trockenmasse steigt. Während Quark mit unter ein Prozent als noch fettarm bezeichnet werden kann (den fettreicheren Quark-

!

Der Fettgehalt in Milch und Milchprodukten ist sehr unterschiedlich.

sorten wird wieder Sahne zugefügt), ist der über Monate gereifte Hartkäse mit 15 bis 27 Prozent Fett wiederum als fettreiches Nahrungsmittel zu bezeichnen.

Fett ist nicht gleich Fett

Milch enthält Fett, Kohlenhydrate (in Form von Milchzucker) und Milcheiweiß. Aus diesen drei Hauptnährstoffen können wir Energie gewinnen. Fett ist sogar ein besonders guter Energieträger. Mit neun Kalorien je Gramm Lebensmittel liefert es mehr als doppelt so viel Energie wie Kohlenhydrate oder Eiweiß, die jeweils vier Kalorien je Gramm Lebensmittel liefern.

Es gibt drei große Lebensmittelgruppen, mit denen wir Fette aufnehmen:

1. Pflanzliche Lebensmittel wie Samen, Nüsse und Öle
2. Tierische Lebensmittel wie Fisch, Fleisch, Wurstwaren, Butter, Schmalz, Milch und Milchprodukte
3. Stark verarbeitete Lebensmittel wie Fast Food, Backwaren und viele Süßwaren

!

Milch und Milchprodukte sind ein wichtiger Fettlieferant. Doch Samen und Nüsse können diese Aufgabe sehr gut übernehmen.

Fette unterscheiden sich in Aufbau, Struktur und gesundheitlicher Wirkung voneinander. Manche sind gut für uns, manche wirken sich eher ungünstig auf die Fettzusammensetzung im Blut aus. Die Qualität spielt also eine wichtige Rolle. Deshalb lohnt es sich, einen genaueren Blick auf sie zu werfen.

So sind Fette aufgebaut

Fett besteht chemisch gesehen aus einem Teil Glycerin, das mit drei Fettsäureketten verknüpft ist. Deshalb wird es auch Triglycerid genannt. Man kann es sich vorstellen wie ein großgeschriebenes E. Jede Fettsäurekette besteht aus aneinandergereihten Kohlenstoffmolekülen. Je länger die Kohlenstoffkette, umso weicher bzw. flüssiger ist das Fett.

- 4–6 Kohlenstoffatome = kurzkettige Fettsäuren; enthalten in Butter und anderen Milchfetten
- 6–12 Kohlenstoffatome = mittelfeste Fettsäuren; enthalten in Kokos-, Palmfett und tierischen Fetten
- 12–24 Kohlenstoffatome = langkettige Fettsäuren; enthalten und Pflanzenölen und Fischölen

Es gibt aber noch weitere Merkmale, mit denen wir die Fettsäuren voneinander unterscheiden, und zwar nach der Sättigung zwischen den Kohlenstoffatomen. Das bedeutet, wenn zwischen zwei Kohlenstoffatomen immer eine einfache Bindung besteht, handelt es sich um eine gesättigte Fettsäure. Besteht zwischen zwei Kohlenstoffmolekülen eine doppelte Bindung, dann handelt es sich um eine einfach ungesättigte Fettsäure. Kommt diese Doppelbindung sogar an mehreren Stellen vor, ist es eine mehrfach ungesättigte Fettsäure. Wenn diese Doppelbindung an der dritten Stelle in der Kette vorkommt, bekommt sie den Namen Omega-3-Fettsäure, und steht die Doppelbindung an der sechsten Stelle, dann heißt sie Omega-6-Fettsäure.

Je nachdem, wie das Fett aufgebaut ist, kann es die Zusammensetzung der Blutfette in unserem Körper beeinflussen.

Gesättigte Fettsäuren sind zum Beispiel in folgenden Lebensmitteln enthalten:

- Sahne
- Butter
- Schmalz
- fettreiches Fleisch
- süße Backwaren
- Palm- und Kokosfett
- Milchschokolade
- fettreiche pikante Snacks (Chips, Blätterteigstangen, Brotchips)

!

Eher ungesunde, gesättigte Fettsäuren sind vor allem in Milchprodukten enthalten.

Gesättigte Fettsäuren können unter anderem bei einigen Menschen zum Anstieg des LDL-Cholesterins im Blut führen (siehe Seite 14) und sollten aus diesem Grunde maximal 10 Prozent der täglichen Fettmenge ausmachen. Achten Sie daher darauf, nicht zu viel von den aufgeführten Lebensmitteln zu essen.

Einfach- und mehrfach ungesättigte Fettsäuren sind vor allem in pflanzlichen, aber auch in wenigen tierischen Lebensmitteln enthalten, wie zum Beispiel:

- Pflanzenöle
- Diät- oder Reformmargarine
- Avocado
- Nüsse (Walnuss, Mandel, Pinienkerne, Haselnuss)
- Samen (Sesam, Leinsamen, Mohn)
- fettreiche Kaltwasserfische (Hering, Lachs, Makrele, Thunfisch)

Die ungesättigten Fettsäuren teilt man in zwei Gruppen ein: die einfach ungesättigten (z. B. Ölsäure, die in großer Menge in Olivenöl vorkommt) und die mehrfach ungesättigten. Die einfach ungesättigten Fettsäuren sind wertvoll, denn sie wirken sich günstig auf unseren Cholesterinspiegel aus.

Omega-3- und Omega-6-Fettsäuren

Die mehrfach ungesättigten Fettsäuren werden wiederum in zwei Gruppen unterteilt. Viele dieser Fettsäuren kann der Körper nicht selbst bilden und deshalb sind sie für uns essentiell, das heißt, sie müssen mit der Nahrung aufgenommen werden.

Omega-6-Fettsäuren (Linolsäuren) sind enthalten in Sonnenblumenöl, Maiskeimöl, Soja-, Distel- und Walnussöl. Arachidonsäure, die Entzündungen im Körper begünstigt, ist ebenfalls eine Omega-6-Fettsäure und kommt in Fleisch, Wurst, Eiern, Milch und Milchprodukten vor.

!

Gesunde Omega-3-Fettsäuren befinden sich unter anderem in Nüssen, Samen und Fisch.

Die Omega-3-Fettsäuren Eicosapentaensäure und Docosahexaensäure sind enthalten in fettreichen Kaltwasserfischen wie Hering, Makrele, Lachs, Sardine und Thunfisch. In Lein-, Raps- und Walnussöl befindet sich Alpha-Linolensäure, eine weitere Omega-3-Fettsäure.

Omega-3-Fettsäuren sind für unsere Gesundheit eindeutig von Vorteil. Sie können unter anderem die Blutfette positiv beeinflussen, den Blutdruck senken, vor Herzinfarkt schützen, Entzündungen vorbeugen und sie können die Triglyceride im Blut senken und damit unser Herz schützen.

Omega-6-Fettsäuren sind für unser Immunsystem ebenfalls wichtig, aber aus ihnen werden auch Botenstoffe (Arachidonsäure) gebildet, die Entzündungen im Körper begünstigen. Unsere Nahrung sollte also nur bis zu einer gewissen Menge aus Omega-6-Fettsäuren bestehen. Das Verhältnis von Omega-6- zu Omega-3-Fettsäuren sollte daher 5:1 betragen.

In der Praxis heißt das: Verzehren Sie weniger Wurst und fettreiches Fleisch und dafür mehr Hering, Lachs, Makrele, Thunfisch. Ersetzen Sie Sonnenblumen-, Distel-, Mais- und Sojaöl durch Lein-, Raps-, Walnuss- und Olivenöl. Empfohlen ist eine tägliche Aufnahme von mindestens zehn Prozent der einfach ungesättigten Fettsäuren und mindestens sieben Prozent bis maximal zehn Prozent der mehrfach ungesättigten Fettsäuren.

Cholesterin

Cholesterin ist eine Verbindung von Fett und Eiweiß, die es unserem Körper ermöglicht, Fett durch die Blutbahnen zu transportieren. Aus Cholesterin entstehen Zellwände, Hormone, Gallensäuren und Vitamin D. Cholesterin ist ein wichtiger Stoff für unseren Organismus, allerdings nicht so wichtig, dass wir auf eine Zufuhr durch cholesterinreiche Nahrungsmittel angewiesen sind. Im Gegenteil! Unser Körper kann Cholesterin in ausreichenden Mengen selbst herstellen.

Cholesterin kommt in allen tierischen Lebensmitteln vor, und so wichtig es auch ist: Ein Überangebot davon schadet den Blutgefäßen. Insbesondere wenn diese durch Übergewicht, Alkohol oder Stress bereits geschädigt sind. Kommt nun das Cholesterin angeschwommen, kann es leicht an den schadhaften Stellen hängen bleiben. Und wo so ein Cholesterinklumpen hängt, bleibt schnell ein weiterer kleben. So wird es nach und nach immer enger in der Blutbahn. Schließlich steigt der Druck auf die Gefäßwände, und wenn es schlimm kommt, droht ein Verschluss der Arterien (Arteriosklerose).

Dabei unterscheidet man zwischen zwei Arten von Cholesterin: Das LDL-Cholesterin ist das schädliche, das sich gerne in der Blutbahn festsetzt. Das HDL-Cholesterin hingegen ist in der Lage, Fette vom LDL aufzunehmen und zur Leber zu bringen. Als Folge sinkt der Cholesterinspiegel. Eine cholesterinfreie Ernährung ist nicht sinnvoll, aber durch eine gute Auswahl an Fetten und den richtigen Lebensstil können Sie für das richtige Verhältnis von HDL und LDL sorgen.

Wir empfehlen einen sparsamen Umgang mit Lebensmitteln, die viele gesättigte Fettsäuren und Cholesterin enthalten. Bevorzugen Sie Lebensmittel mit einfach und mehrfach ungesättigten Fettsäuren und das Ganze in der Menge, die Sie brauchen, um gut versorgt zu sein.

Triglyceride

Triglyceride gehören ebenfalls zu den Blutfetten, sie entstehen jedoch nicht nur durch viel Fett in der Nahrung. Der Triglycerid-Wert im Blut kann auch ansteigen, wenn viel Alkohol und zuckerhaltige Getränke wie Limonaden und Säfte konsumiert werden. Essen wir in einer Mahlzeit mehr Kohlenhydrate, als gerade benötigt werden, muss unser Körper die überschüssige Energie irgendwo unterbringen. Kohlenhydrate werden dann als Glykogen in der Muskulatur und der Leber gespeichert, allerdings sind diese Speicherkapazitäten begrenzt. Also braucht man eine Form der Energie, die kompakter ist. Die Lösung heißt – Fett! Werden Kohlenhydrate in Fett umgebaut, sinkt nebenbei auch noch das gute HDL-Cholesterin im Blut.

Wenn Sie für Ihre Blutwerte etwas Guten tun möchten, dann sollten Sie auch mal schauen, wie viele schnell verwertbare Kohlenhydrate (Zucker, Limonaden, Säfte, Fruchtgummi) Sie jeden Tag zu sich nehmen und diese gegebenenfalls reduzieren.

Ethische Gründe für den Verzicht auf Milch

Weniger gesundheitliche als ethische Gründe bewegen Menschen, die sich vegan ernähren. Ihre Anzahl steigt in den letzten Jahren und besonders in Deutschland ist vegane Ernährung ein großer Trend. Ein Grund dafür: Immer häufiger lesen wir in der Presse von Lebensmittelskandalen. Gerade in der Tierhaltung und bei der Produktion von tierischen Lebensmitteln passieren mitunter schlimme Dinge. Diese Horrorbilder haben sich in den Köpfen eingebrannt und führen bei vielen Menschen zum Umdenken. Keiner möchte daran schuld sein, wenn Tiere unter katastrophalen Bedingungen gehalten werden, wenn sie in Viehtransportern stunden- oder gar tagelang unterwegs sind, um irgendwo in fernen Ländern unter Schmerzen geschlachtet zu werden. Und das nur, weil es in diesen Ländern billiger ist, die Tiere zu töten und zu verarbeiten, und weil es dort aufgrund fehlender Kontrollen mit dem Tierschutz nicht so eng gesehen wird. Schuld daran ist zum einen die Geldgier der Produzenten und zum anderen auch der Verbraucher, der immer weniger Geld für Lebensmittel ausgeben möchte. Wenn der Liter Milch 30 Cent kostet und das Kilo Hackfleisch für 2,99 Euro zu bekommen ist, dann sollte klar sein, dass da etwas nicht stimmen kann. Jedenfalls wenn man sich einmal überlegt, wie teuer es ist, Tiere unter würdigen Bedingungen zu halten.

Wir könnten daher sagen: „Dann esse ich keine Lebensmittel mehr, die irgendwas mit der Ausbeutung von Tieren zu tun haben können!" Das ist eine Möglichkeit. Wenn keine Tiere mehr gehalten werden, dann müssen auch keine mehr getötet werden.

Aber es gibt auch die andere Seite. Fahren Sie mal über das Land und schauen Sie sich die Felder und Wiesen an, mit den friedlich grasenden Kühen. Nicht alles ist schlecht in der Landwirtschaft. Die Landwirte und Tiere gehören bei uns zur Landschaftspflege und sind ein wichtiges Kulturgut. Wenn wir uns mehr mit dem, was wir essen, auseinandersetzen und die Lebensmittel möglichst direkt beim Erzeuger kaufen würden, dann bekämen wir auch wieder einen anderen Bezug zu unseren Lebensmitteln. Alle Lebensmittel natürlicher Herkunft verdienen es, wertgeschätzt zu werden.

Der Trend zur veganen Ernährung hat zur Folge, dass der Markt mit Produkten überschüttet wird, die an Fleisch, Fleischprodukte sowie Milch und Milchprodukte erinnern sollen. Dafür werden den Ausgangsprodukten viele Zusatzmittel zugesetzt. Vor wenigen Jahren ging beim Thema Analogkäse auf Pizza ein Aufschrei durch das Land. Keiner wollte diesen künstlichen Käse auf seiner Pizza haben. Und heute liegen immer häufiger Fleisch- oder Käseimitate im Einkaufswagen, weil man den Geschmack von Wurst und Käse doch etwas vermisst. Ob diese Ersatzprodukte die bessere Lösung sind? Es gibt noch keine Studie, die untersucht hat, welche Auswirkung der tägliche Verzehr solcher stark verarbeiteten Ersatzprodukte auf unsere Gesundheit hat. Und umweltschonend ist ihre Produktion auch nicht!

Wenn Sie aus Überzeugung keine Lebensmittel mehr essen möchten, für die ein Tier gehalten oder getötet wurde, dann sollten Sie zumindest öfters auf die Zutatenliste schauen. – Und in diesem Buch weiterlesen, denn wir stellen hier viele Milchersatz-

!

Vegane Fleisch- und Käseimitate stecken häufig voller Zusatzstoffe.

produkte vor, die jeder leicht herstellen kann und die ohne Zusatzstoffe auskommen.

Wenn die Milch krank macht

Wenn Sie unter Laktoseintoleranz oder Milcheiweißallergie leiden, haben Sie keine Wahl: Je nach Krankheitsbild müssen Sie den Konsum von Milch und Milchprodukten einschränken oder ganz meiden.

Laktoseintoleranz

!

Laktoseintoleranz ist die Unverträglichkeit von Milchzucker.

Rund 15 Prozent der Deutschen leiden an einer Laktoseintoleranz. Sie vertragen keinen Milchzucker, der natürlicherweise in Milch enthalten ist, er kann im Darm nicht ausreichend abgebaut werden. Nehmen Betroffene Milchprodukte zu sich, sind die Folgen meist sehr unangenehm: Blähungen, Durchfall und Krämpfe.

Laktose ist die lateinische Bezeichnung für Milchzucker, Laktoseintoleranz ist also die Unverträglichkeit von Milchzucker. Die Intoleranz entsteht, weil im Dünndarm das Enzym Laktase fehlt oder nur unzureichend gebildet wird. Da das Milchzuckermolekül zu groß ist, um von der Dünndarmschleimhaut aufgenommen zu werden, zerlegt Laktase normalerweise den Milchzucker in seine Bestandteile, in die Einfachzucker Glukose und Galaktose. Die Einfachzucker gelangen dann vom Darm ins Blut, wo sie weitertransportiert werden.

Wenn die Laktase bei einer Laktoseintoleranz vollständig oder teilweise fehlt, kann der Milchzucker im Dünndarm nicht ins Blut aufgenommen werden und er gelangt in den Dickdarm. Dickdarmbakterien verstoffwechseln den ungespaltenen Milchzucker, dabei entstehen Darmgase, die sich als Blähungen bemerkbar machen. Gleichzeitig wird die Darmbewegung durch einströmendes Wasser verstärkt – was den Durchfall fördert. Diese typischen Beschwerden sind häufig auch mit Schmerzen und Krämpfen im Bauchbereich verbunden.

Die verschiedenen Formen des Enzymmangels

Bei Laktoseintoleranz wird zwischen einem primären und einem sekundären Laktasemangel unterschieden. Ein primärer Laktasemangel ist erblich. Der Dünndarm bildet zunächst genug Laktase, dies nimmt mit zunehmendem Alter ab, was sich meist erst im Erwachsenenalter bemerkbar macht, manchmal auch schon im Kindes- oder Jugendalter. Diese Form kommt am häufigsten vor.

Der sekundäre Laktasemangel ist erworben, zum Beispiel die Folge einer anderen Erkrankung des Magen-Darm-Traktes, wie Sprue/Zöliakie oder Morbus Crohn. Er kann auch Folge einer Magen- oder Dünndarmoperation sein oder einer Infektion im Magen-Darm-Bereich. Diese Form der Laktoseintoleranz kann vorübergehend oder dauerhaft sein.

Experten gehen davon aus, dass in Deutschland rund zehn bis zwölf Millionen Menschen zu wenig Laktase produzieren. Die Ursache dafür ist noch nicht bekannt. Es wird vermutet, dass die Enzymaktivität beim Erwachsenen beziehungsweise die Enzymproduktion mit der Zeit nachlässt und gleichzeitig die Aufnahme an Milchzucker über Lebensmittel und Speisen zu hoch ist. Wird in einer Mahlzeit eine Cremesuppe, Käse-Sahne-Sauce zur Hauptspeise und als Dessert ein Pudding gegessen, ist insgesamt die Aufnahme an Laktose sehr hoch. In kleineren Portionen wird alles besser vertragen.

Sehr selten kann auch von Geburt an ein Laktasemangel bestehen, dann treten die ersten Symptome bereits kurz nach der Geburt auf, wenn der Säugling auf die erste Nahrung, meist Muttermilch, reagiert.

Bei einer Laktoseintoleranz müssen Sie meist nicht ganz auf Milch und Milchprodukte verzichten, da in Ihrem Darm noch

Laktase produziert wird, wenn auch nicht genug. Die Heftigkeit der Beschwerden hängt davon ab, wie viel Laktose Sie aufnehmen. Meist genügt es, die Milchzuckeraufnahme auf etwa acht Gramm pro Tag zu reduzieren.

!

Durch die neue Kennzeichnungspflicht ist Milch und Laktose auf der Zutatenliste besonders gekennzeichnet.

Laktosegehalt verschiedener Milchprodukte

1 Glas Kuhmilch, 200 ml	9,6 g
1 Glas Ziegenmilch, 200 ml	8,0 g
1 Glas Molke, 200 ml	9,2 g
1 Portion Butter, 20 g	0,2 g
1 Becher Joghurt 3,5 %, 150 g	5,5–7,8 g
1 Portion Magerquark, 120 g	3,8–4,8 g
1 Portion Schlagsahne, 60 g	1,9 g
1 Portion Frischkäse, 30 g	0,73 g
1 Scheibe Gouda, 30 g	0–0,15 g
1 Portion Camembert, 40 g	0–0,15 g
1 Portion Parmesan, 30 g	0–0,15 g

Auswahl der Lebensmittel bei Laktoseintoleranz

Laktose, also Milchzucker, kommt in der Milch aller Säugetiere vor und in allen daraus hergestellten Produkten. Also auch in Schokolade, Gebäck und Eiscreme. In der Lebensmittelindustrie wird zudem vielen Produkten Milchzucker zugesetzt, bei denen man es nicht vermuten würde. Denn aufgrund seiner guten technologischen Eigenschaften sorgt er zum Beispiel für eine gute Bräunung von Backwaren und ein cremiges Mundgefühl bei fettreduzierten Joghurts. Milchzucker wird außerdem als Trägersubstanz zum Beispiel für Gewürzmischungen oder Trockensuppen verwendet. Er ist somit in fast allen Fertigprodukten enthalten.

In der Folge nehmen wir alle heute deutlich mehr Milchzucker auf, als unser Darm verarbeiten kann, was jedoch nicht bei jedem zu Beschwerden führt.

Laktose in Lebensmitteln

	LAKTOSEHALTIG	LAKTOSEARM	LAKTOSEFREI
Milch und Milch- produkte	• Milch, Kakao, Joghurt, Quark, Pudding, Eiscreme • Desserts aus Milch, Sahne	• Hartkäse wie Par- mesan, Pecorino • Schnittkäse wie Gouda, Emmen- taler • Weichkäse wie Camembert, Mozzarella • Sauermilchkäse	• laktosefreie Milch, laktosefreier Joghurt oder Quark • Sojadrink, Hafer- drink, Reisdrink, Mandeldrink
Fleisch, Wurst und Fischwa- ren	• Wurstwaren* wie z. B. Leber- wurst, Brühwürstchen, fett- reduzierte Wurst	–	• alle Sorten Fleisch, Geflügel • nicht panierter Fisch, frisch oder TK • milchfreier Auf- schnitt
Eier	• Rührei mit Milch • Eierpfannkuchen	–	• alle (milchfrei zubereitet)
Fette	• Joghurtbutter, Halbfett- erzeugnisse	• Butter	• milchfreie Margarine, Öle, Butterschmalz
Getreide	• Schokomüsli, Knuspermüsli	–	• alle Sorten
Brot und Back- waren	• Brot mit Milch, z. B. Milch- brötchen, Rosinenbrot • Gebäck mit Milch, Torten • Kuchenbackmischungen	• Knäckebrot*	• alle milchfreien Sorten
Kartof- feln	• Kartoffelpüree mit Milch, Kartoffelgratin	–	• alle Sorten, natur zubereitet
Gemüse	• Fertiggerichte mit Saucen	–	• alle Sorten

	LAKTOSEHALTIG	LAKTOSEARM	LAKTOSEFREI
Obst			• alle Sorten
Süß-waren	• Schokolade, Nuss-Nougat-Creme, Nougat, Pralinen, Weichlakritz, Karamell-bonbons	• Zartbitterschoko-lade	• laktosefreie Schoko-lade und laktose-freies Gebäck • Honig, Marmelade, Bonbons, Wein-gummi, Wassereis, Götterspeise
Getränke	• Milchkaffee, Cappuccino • Molkedrinks, Milchmix-getränke	–	• Tee, Kaffee, Säfte, Limonaden
Sonstiges	• Molkepulver, Eiweiß-konzentrate • Fertigprodukte*, Fertig-gerichte*, Fertigsaucen*, Würzpasten*, Gewürz-mischungen*	–	• Ketchup, Senf, Essig, einzelne Gewürze

* Diese Lebensmittel können laktosehaltig sein. Hier ist es wichtig, auf die Zutatenliste zu schauen bzw. den Hersteller zu befragen

Milcheiweißallergie

Etwa zwei bis drei Prozent der Weltbevölkerung sind von einer Milcheiweißallergie betroffen. Am häufigsten tritt diese Erkrankung des Immunsystems bei Säuglingen und Kindern auf. In den ersten Monaten nach der Stillzeit, wenn auf eine Beikost mit Milchprodukten umgestellt wird, kann sich die Immunreaktion auf das Allergen manifestieren. Selten treten schon in der Stillzeit allergische Symptome beim Säugling auf. Das ist möglich, wenn die stillende Mutter Milcheiweiß verzehrt, das dann in die Muttermilch gelangt und beim Stillen von dem Säugling aufgenommen wird. In diesen seltenen Fällen sollte die stillende Mutter Milcheiweiß meiden oder abstillen und ihrem Säugling eine geeignete Säuglingsnahrung geben. Bei den meisten Kindern verschwindet die Milcheiweißallergie innerhalb der ersten sechs Lebensjahre wieder. Erwachsene Menschen sind nur sehr selten von einer Milcheiweißallergie betroffen.

Eine Allergie gegen Milcheiweiß kann sich nach dem Erstkontakt mit dem Milcheiweiß-Allergen entwickeln, ohne dass es gleich zu einer Allergiereaktion kommen muss. Dieses Allergen ist in Trinkmilch und daraus hergestellten Lebensmitteln enthalten, beziehungsweise in anderen Lebensmitteln, denen Milcheiweiß hinzugefügt wurde. Es kann also sein, dass es beim ersten Milchgenuss zu einer allergischen Reaktion kommt – weil vorher ein Lebensmittel verzehrt wurde, das Milcheiweiß als Zusatzstoff enthielt und die Allergiereaktion aktiviert hat. Das Immunsystem des betroffenen Menschen wird zum ersten Mal mit diesem neuen Eiweiß konfrontiert, erkennt dieses fälschlicherweise als „fremd" und stuft es als möglicherweise bedrohlich für den Körper ein.

> **!**
>
> Eine Milcheiweiß-allergie tritt bei Säuglingen und Kindern auf und verschwindet meist bis zum sechsten Lebensjahr.

Mögliche allergische Reaktionen auf Milcheiweiß
Hautschwellungen, Hautrötungen, Juckreiz, Ekzembildung, Übelkeit, Erbrechen, Durchfall, Schwellungen in Mund oder Speiseröhre, Herz-Kreislauf-Probleme, Atemprobleme, Anaphylaxie

Als Schutzmaßnahme gegen das Allergen bildet das Immunsystem Antikörper gegen das fremde Eiweiß. Bei erneutem Kontakt mit dem Milcheiweiß-Allergen – zum Beispiel, wenn nun Milch getrunken wird – wird eine Kaskade an Immunreaktionen des körperlichen Abwehrsystems in Gang gesetzt. Es kommt zu allergischen Reaktionen der Haut, des Magen-Darm-Traktes oder des Herz-Kreislauf-Systems. Eigentlich ist so eine Allergie eine vernünftige Maßnahme, um den Körper vor gefährlichen Stoffen zu schützen. In diesem Fall ist es jedoch eine Fehlinterpretation des Immunsystems. Je nach Allergietyp können die Symptome innerhalb der nächsten zwei Stunden (Sofortreaktions-Typ) nach

Verzehr des Allergens oder erst bis zu 48 Stunden (Spätreaktions-Typ) später auftreten.

Die Trinkmilch enthält mehrere unterschiedliche Eiweiße, die Allergien auslösen können. Die bekanntesten und häufigsten Milchallergene, auf die Menschen reagieren, sind die Molkenproteine Alpha-Lactalbumin und Beta-Lactoglobulin sowie das Kasein.

Eiweiße, die Allergien auslösen können
- Molkenproteine und Kasein sind in Trinkmilch, Buttermilch, Sauermilch, Joghurt und Kefir enthalten.
- Sehr geringe Mengen von Molkenproteinen befinden sich in Butter und Sahne.
- Nur Kasein ist in Quark und Käse enthalten.
- Bei einer Allergie gegen Molkenproteine kann eventuell die Milch anderer Tierarten wie Ziegen, Schafe oder Stuten vertragen werden. Es ist auch möglich, dass Butter und Sahne in geringen Mengen keine Probleme macht.
- Bei einer Allergie gegen Kasein werden auch Milch und Milchprodukte anderer Tiere nicht vertragen und es muss komplett auf Milchersatzprodukte umgestellt werden.

Eine Milcheiweißallergie feststellen

Es ist nicht möglich, im Selbstversuch, zum Beispiel durch einen Stuhltest, eine Allergie gegen Milcheiweiß festzustellen. Wenn Sie vermuten, dass eine Milcheiweißallergie vorliegt, sollten Sie einen Allergologen konsultieren, der entsprechende Tests nach den Standards für Allergologie durchführt. Dafür nimmt der Arzt zuerst eine ausführliche Anamnese auf, dabei kann ein Ernährungstagebuch über mehrere Wochen mit Beschwerdeprotokoll sehr hilfreich sein. Mittels dieser Ernährungsanamnese werden die möglichen Allergene getestet. Hierfür gibt es verschiedene Untersuchungsmethoden, wie einen Hauttest (Pricktest), Blutuntersuchungen (RAST-Test /IgE) und eventuell ein kontrolliert durchgeführter Provokationstest. Wurde eine Milcheiweißallergie diagnostiziert, müssen Sie über mehrere Wochen eine Eliminationsdiät durchführen. Bei dieser Diät wird konsequent auf Milcheiweißbestandteile in Lebensmitteln und Medikamenten verzichtet. Bessern sich die Symptome unter dieser Diät, gilt die Diagnose „Milcheiweißallergie" als gesichert und ein dauerhafter Verzicht auf Milcheiweiß ist notwendig. Bei Kindern wird gelegentlich überprüft, ob die Allergie noch aktiv ist. Für Säuglinge gibt es spezielle Trinknahrung und Breikost, die dafür geeignet ist und die verhindert, dass es zu einer Mangelernährung kommt. Erwachsene Menschen mit einer Eiweißallergie können die Auswahl an Lebensmitteln entsprechend anpassen.

Trinkmilch enthält unterschiedliche Eiweiße, die Allergien auslösen können.

Lebensmittel bei Milcheiweißallergie

	GEEIGNET	UNGEEIGNET
Milch und Milchprodukte	• Sojadrink, Haferdrink, Reisdrink, Mandeldrink, Nussdrink, Dinkeldrink, Lupinendrink, Kokosmilch • Sojajoghurt, Reisjoghurt, Sojacreme, Hafercreme • milchfreie/vegane Analogkäse	• Milch, Joghurt, Quark, Buttermilch, Kefir, Sahne, Kondensmilch, Käse
Fleisch, Wurstwaren, Fisch, Fischwaren	• alle Sorten Fisch oder Fleisch natur • roher Schinken* • Putenbrust* • milchfreie Wurstwaren*	• alle Fertigprodukte, Konserven, Frikadellen, Würstchen • Aufschnitt (z. B. Fleischwurst, gekochter Schinken)
Eier	• alle, milchfrei zubereitet	• Rührei, Pfannkuchen, Eifertigprodukte
Fette	• alle Pflanzenöle, Schmalz, milchfreie Margarine	• Butter, Margarine
Getreide	• alle reinen Getreide und Getreidemehle • Cornflakes*, Reis, Reiswaffeln, Popcorn	• Müslimischungen, Paniermehl
Brot und Backwaren	• Brot*, Brötchen*, milchfreies Knäckebrot, milchfreies Zwieback, milchfreies/veganes Gebäck	• Milchbrötchen, Rosinenbrötchen, Knäckebrot mit Milch, Kuchen, Torten und Gebäck
Kartoffeln, Hülsenfrüchte	• alle, milchfrei zubereitet	• Kartoffelpüree, Kartoffelfertigprodukte
Gemüse	• alle, milchfrei zubereitet	
Obst, Nüsse	• alle, milchfrei zubereitet	
Süßwaren	• Honig, Marmelade, milchfreie Zartbitterschokolade • Reismilchschokolade, Kaugummi, Gummibärchen, Wassereis, vegane Süßwaren oder Eis	• Nuss-Nougat-Creme, Schokolade, Pralinen, Eiscreme • Weingummi mit Joghurt

	GEEIGNET	UNGEEIGNET
Getränke	• Kaffee, Tee, Mineralwasser, Fruchtsäfte* • alkoholische Getränke wie Wein und Bier	• Milchmixgetränke, Kakao, Fruchtsaftgetränke mit Molke, Cappuccino, Latte Macchiato • alkoholische Getränke wie Sahneliköre, Cocktails
Sonstiges	• alle reinen Gewürze und Kräuter • Ketchup*, Senf*, Mayonnaise*	• Gewürzmischungen, Fertigsaucen, Fertigsuppen, Dressings

* Diese Lebensmittel können milchhaltig sein. Hier ist es wichtig, auf die Zutatenliste zu schauen bzw. den Hersteller zu befragen

Kennzeichnung von Allergenen in Lebensmitteln

Die Kennzeichnung von Allergenen in Lebensmitteln hat sich in den letzten Jahren stark verbessert. Im Jahr 2005 ist eine Regelung in Kraft getreten, nach der die „allergenen 14", also die Zutaten eines Lebensmittels, die besonders häufig Allergien hervorrufen, auf verpackten Lebensmitteln immer ausgewiesen sein müssen. Milch und Laktose gehören dazu und stehen an zweiter Stelle der Liste. Die Kennzeichnungsvorschrift gilt in allen EU-Ländern und bezieht sich auch auf kleinste Mengen der Allergene, wenn diese zum Beispiel nur als Trägerstoff verwendet werden.

Da es bekanntlich keine Regel ohne Ausnahme gibt, ist bei einigen Produkten immer noch Vorsicht geboten. Lose Lebensmittel, die Sie beim Metzger, außer Haus oder in der Kantine kaufen, sind noch unvollständig gekennzeichnet. Hier hilft nur das Nachfragen beim Verkaufspersonal. Auch Gewürz- oder Kräutermischungen, die mit weniger als zwei Prozent im Endprodukt enthalten sind, müssen nicht aufgeführt werden. Gleiches gilt für Konfitüren, Schokolade und Fruchtsäfte. Portionspackungen oder Hotelverpackungen enthalten oft keine Kennzeichnung auf dem Produkt, sondern nur auf der Umverpackung. Außerdem werden Zutaten nicht gekennzeichnet, die durch den Verarbeitungsprozess ihre Wirkung als Allergen verlieren.

Trotzdem hat sich der Einkauf von abgepackter Ware für alle Allergiker und Menschen mit Unverträglichkeiten deutlich verbessert. Bis 2005 waren nur Zutaten, die mehr als 25 Prozent des Endproduktes ausmachten, kennzeichnungspflichtig.

Die 14 wichtigsten Allergene

Diese 14 Allergene sind für mehr als 90 Prozent aller Nahrungsmittelunverträglichkeiten verantwortlich:

1. Glutenhaltige Getreide wie Weizen, Roggen, Hafer, Dinkel, Kamut oder Hybridstämme davon und daraus hergestellte Produkte
2. Milch und daraus hergestellte Produkte (inkl. Laktose)
3. Eier und Eiererzeugnisse
4. Soja und Sojaerzeugnisse
5. Erdnüsse und daraus hergestellte Produkte
6. Schalenfrüchte wie Mandel, Walnuss, Pistazie, Pecannuss, Paranuss, Macadamia und daraus hergestellte Produkte
7. Sellerie und daraus hergestellte Produkte
8. Senf
9. Krebstiere
10. Fisch und daraus hergestellte Produkte
11. Sesam
12. Schwefeldioxid und Sulfite
13. Lupinen und daraus hergestellte Produkte
14. Weichtiere wie z. B. Schnecken

WIE MILCH LECKER ERSETZT WERDEN KANN

Wer keine Milch und Milchprodukte zu sich nehmen darf oder möchte, kann heute auf eine Vielzahl von Ersatzprodukten zurückgreifen. Produkte aus Soja sind bereits länger bekannt, doch es lassen sich aus nahezu allen Hülsenfrüchten, Nüssen und Getreidesorten sowie Pseudogetreiden pflanzliche Drinks herstellen. Um einen leckeren Drink aus Hülsenfrüchten wie Soja oder Lupine zu bekommen, müssen vor der Verarbeitung die getrockneten Bohnen für mehrere Stunden eingeweicht werden. Bei Drinks aus Nüssen wie Mandel oder Haselnuss werden die Nüsse erst geröstet, dann zu einem Mehl vermahlen und gewässert. Für Getreidedrinks, die zum Beispiel aus Hafer oder Dinkel hergestellt werden, hat es sich bewährt, die Getreidekörner zu einem Mehl zu vermahlen und dann ebenfalls kurz zu wässern. Nach dem Einweichen werden die Produkte abgepresst und die Flüssigkeit wird aufgefangen. Die übriggebliebene Trockenmasse wird meistens zu Viehfutter weiterverarbeitet. Aus dem Presssaft wird unter Zugabe von Öl, Salz, Zucker, Verdickungsmitteln und Emulgatoren ein milchähnlicher Drink hergestellt. Dieser wird zum Schluss noch homogenisiert und pasteurisiert, damit er ohne langes Schütteln aus der Verpackung fließt und länger haltbar ist.

Weil diese Drinks sich in ihren Inhaltsstoffen von der Milch unterscheiden, werden ihnen noch Vitamine, Spurenelemente und Mineralstoffe zugegeben, um auch den ernährungsphysiologischen Vorteil der Milch annähernd auszugleichen. Da diese Extrakte sich in Geschmack und Konsistenz unterscheiden, werden sie auch unterschiedlich verwendet.

Drinks und Cremes auf pflanzlicher Basis

Lange Zeit war es sehr schwierig, Milchersatzprodukte zu kaufen, wenn man aufgrund einer Laktoseunverträglichkeit oder Milcheiweißallergie auf Milch verzichten musste. Mittlerweile gibt es viele Menschen, die aus gesundheitlichen oder ethischen Gründen keine Milch und Milchprodukte zu sich nehmen, und die Industrie hat sich darauf eingestellt. Heute erhalten Sie in fast jedem Supermarkt und Discounter entsprechende Produkte. Dabei werden Produkte, die die Milch ersetzen, als „Drink" bezeichnet, zum Beispiel Sojadrink oder Haferdrink. Denn die Bezeichnung „Milch" ist in der EU gesetzlich geschützt und laut EU-Verordnung ausschließlich für tierische Milcherzeugnisse zugelassen. Eine Ausnahme ist die Kokosmilch, die es schon sehr lange unter dieser Bezeichnung gibt und die daher nicht unter die Verordnung fällt. Für die anderen Milchersatzprodukte gibt es noch keine Verordnung.

> **!**
>
> Da die Bezeichnung „Milch" gesetzlich geschützt ist, werden Ersatzprodukte als „Drink" bezeichnet, zum Beispiel Sojadrink oder Haferdrink.

Neben dem Milchersatz gibt es auch Joghurt- und Quarkalternativen. Außerdem Sojacreme oder Hafercreme als Ersatz für Sahne oder Crème fraîche. Der Trend der veganen Ernährung hat in den letzten Jahren eine Vielzahl neuer Produkte hervorgebracht, zum Beispiel verschiedene Käseersatzprodukte, davon können Sie profitieren. Auch Tofu gibt es in vielen verschiedenen Varianten.

Fast alle Sorten Pflanzendrinks enthalten heute mit 120 Milligramm pro Liter die gleiche Menge Kalzium wie Kuhmilch: in konventionellen Produkten in Form von Kalziumcarbonat und in Bio-Produkten durch Zugabe der Alge Lithothamnium calcareum. Sie können sie also bedenkenlos verwenden.

Aber beachten Sie: Pflanzenmilch ist kein geeignetes Ersatzprodukt für die Muttermilch. Sämtliche Sorten enthalten andere Allergene, auf die der Säugling ebenfalls reagieren kann. Also dürfen sie im ersten Lebensjahr nicht als ausschließliche Säuglingsnahrung eingesetzt werden!

Soja

Sojadrink

Die Sojabohne gehört zur Familie der Schmetterlingsblütler, also zu den Hülsenfrüchten. Sie wächst weltweit und ist eine der wichtigsten Ölsaaten. Die krautige Pflanze bildet bis zu zehn Zentimeter lange Schoten, in denen die kugeligen Bohnen reifen, die je nach Sorte grün, braun oder schwarz sind. Sojaöl ist beliebt, weil es Omega-3-Fettsäuren enthält und so zu einer gesunden Versorgung mit wertvollem Fett beiträgt. Auch an Eiweiß hat die Sojabohne mit fast 40 Prozent viel zu bieten. Wegen ihrer guten Inhaltsstoffe ist die Sojabohne eine gute Alternative zu Kuhmilch. Idealerweise enthält 100 Milliliter Sojadrink drei bis vier Gramm Eiweiß und zwei Gramm Fett und ist mit Kalzium angereichert. Zudem bietet Soja ein besonders hochwertiges Eiweiß, B-Vitamine, Eisen und Magnesium. Sojaeiweiß kann allerdings auch Nahrungsmittelallergien auslösen. Bei einer nachgewiesenen Allergie müssen Sie auf einen anderen Milchersatz ausweichen.

> **!**
> Um einer Unterversorgung mit Kalzium vorzubeugen, sind die meisten Pflanzendrinks mit Kalzium angereichert.

Zur Herstellung des Sojadrinks werden die Bohnen blanchiert, fein gemahlen und in Wasser eingeweicht. In Zentrifugen wird dann die Sojakleie abgefiltert. Sojadrink ist in zahlreichen Varianten erhältlich. Gesüßt oder ungesüßt, als Vanilledrink, Kakao

---

Soja-Mayonnaise
100 ml Sojadrink, 2 EL Zitronensaft, 200 ml Rapsöl, 1 TL Senf, Salz, Pfeffer, Zucker
Den Sojadrink mit dem Zitronensaft in einem hohen Rührgefäß mischen. Etwas abwarten, bis die Masse andickt. Dann mit einem Pürierstab das Öl langsam untermixen. Mit Senf, Salz, Pfeffer und Zucker würzen. Wer mag, gibt noch 1 Msp. Kurkuma für eine schöne gelbe Farbe dazu.

oder Fruchtvariante. Sojadrink können Sie für alle Zubereitungen gegen Kuhmilch austauschen. Wegen des hohen Eiweißgehaltes eignet er sich sehr gut zum Aufschäumen für Kaffeespezialitäten und zur Herstellung einer milch- und eifreien Mayonnaise.

Sojacreme

Sojacreme hat einen höheren Fettgehalt als Sojadrink und wird durch die Zugabe von pflanzlichen Ölen und Verdickungsmitteln hergestellt. Sie hat die Konsistenz von Sahne und kann auch so verwendet werden. Der Fettgehalt von Sojacreme liegt mit zehn bis 15 Prozent deutlich unter dem Fettgehalt von 30 Prozent der Sahne aus Kuhmilch. Mittlerweile sind auch Produkte im Handel, die Sie wie Schlagsahne steif schlagen können. Diese sind entsprechend gekennzeichnet und enthalten als zusätzliche Stabilisatoren meist Carragen oder Xanthan.

> **!**
>
> Im Handel ist Sojacreme auch unter der Bezeichnung „Soja Cuisine" erhältlich.

Sojajoghurt

Sojajoghurt wird wie herkömmlicher Joghurt mit Milchsäurebakterien fermentiert. Dazu wird der Sojadrink mit Lactobacillus bulgaricus versetzt, gerinnt dadurch und erhält einen leicht säuerlichen Geschmack. Produkte aus Soja sind meist nicht so fest wie Joghurt aus Kuhmilch, daher geben manche Hersteller ein Verdickungsmittel hinzu. Handelsbezeichnungen für Sojajoghurt sind z. B. Yofu oder Sojaghurt. Sie können Joghurt aus Sojamilch auch selbst herstellen, ein Rezept dazu finden Sie auf Seite 72.

Tofu

Tofu hat eine sehr lange Tradition und wurde bereits vor über 2000 Jahren in China hergestellt. Seit Mitte der 80er-Jahre erfreut er sich auch bei uns wachsender Beliebtheit. Für die Herstellung von Tofu wird Sojadrink erhitzt und mit Kalziumsulfat versetzt. Dadurch setzt ein Gerinnungsprozess ein, der die wässrigen von den festen Bestandteilen trennt. Die festen Bestandteile, das Sojaprotein, wird in Blöcken gepresst und gekühlt. Dieser Naturtofu wird oft mit diversen Zutaten wie Kräutern oder Gewürzen verfeinert. Das Räuchern verleiht dem Tofu einen besonders pikanten Geschmack.

Eine besondere Variante des Tofu ist der Seidentofu, der eine sehr cremige Konsistenz hat und sich zur Herstellung von Cremes und Saucen eignet.

Schokomousse
Für 4 Portionen: 200 g milchfreie Zartbitterkuvertüre,
400 g Seidentofu, 1 Msp. Vanillemark, 1 EL Agavendicksaft
Die Zartbitterkuvertüre im Wasserbad schmelzen und mit Seidentofu, Vanillemark und Agavendicksaft verrühren. Mindestens 2 Stunden kalt stellen.

Lupine

Lupinendrink

Die Lupine wurde ursprünglich in Südamerika angebaut. Heute gibt es sie in ganz Europa und auch in Deutschland, was sie zu einem gesunden und nützlichen regionalen Lebensmittel macht. Die Süßlupine gehört zu den Hülsenfrüchten und Leguminosen. Für den Verzehr werden die Samen der Lupinenpflanze geerntet, sie haben eine gelbe Farbe und einen leicht nussigen Geschmack. Die Bezeichnung Süßlupine bedeutet lediglich, dass ein ursprünglich enthaltenes Glykosid, das der Lupine einen leicht bitteren Geschmack verlieh, weggezüchtet wurde. So schmeckt die Saat besser und die Lupinensamen können leichter zu weiteren Produkten weiterverarbeitet werden.

Der Eiweißgehalt der Lupine ist mit 35 bis 48 Prozent sehr hoch und ihr Gehalt an allen essentiellen Aminosäuren macht die Lupine besonders wertvoll. Aus diesem Grund wird Lupine neben Soja und Seitan für Fleisch-, Wurst- und Eiersatzprodukte verwendet. Nebenbei enthalten Lupinen keine Purine und sind für Menschen mit erhöhten Harnsäurewerten bzw. Gicht eine pflanzliche Alternative zu Fleisch und Wurst. Sie sind auch den purinreichen Hülsenfrüchten vorzuziehen und lassen sich vielseitig verwenden.

Im Vergleich zur Sojabohne enthalten Lupinen mit sechs Prozent eher wenig Fett, sie haben aber einen guten Gehalt an Omega-3- und Omega-6- Fettsäuren.

Lupinen enthalten reichlich Mineralstoffe wie Kalium, Kalzium, Magnesium. Außerdem macht ihr Eisengehalt sie zu einem wertvollen Bestandteil einer vegetarischen und veganen Ernährung.

Wenn Sie allerdings auf Erdnüsse und andere Hülsenfrüchte, wie zum Beispiel Soja, allergisch reagieren, sollten Sie bei der Lupine vorsichtig sein, denn sie gehört zu den 14 Hauptallergenen. Ansonsten ist die Lupine leicht bekömmlich und gut verträglich, auch für Menschen, die auf Hülsenfrüchte normalerweise mit Verdauungsbeschwerden reagieren.

Lupinendrink wird aus den Samen der Lupine gemacht. Hierfür werden die Samen der blauen Süßlupine zu Flocken gepresst, für mehrere Stunden in Wasser mit etwas Säure eingeweicht und dann fein zu einem Brei vermahlen. Anschließend wird der Brei ausgepresst, dabei wird der Saft aufgefangen und unter Zugabe von Öl und Stärke zu einer „Lupinenmilch" weiterverarbeitet.

> **!**
>
> Lupinenbohnen, -schrot und -mehl bekommen Sie im Bioladen, im Reformhaus oder im Internet. Ebenso fertige Brotaufstriche mit Lupine.

Lupinenbrei

Für 1 Portion: 4 EL Lupinenschrot

Lupinenschrot in reichlich Wasser einweichen und über Nacht kühl stehen lassen. Morgens das überschüssige Wasser abgießen, frisches Wasser zugeben und kurz aufkochen. Je nach Geschmack Agavensirup, Nüsse und Trockenfrüchte dazugeben.

Hafer

Haferdrink

Für die Herstellung von Haferdrink wird Vollkornhafer zerkleinert und mit Wasser und einem Ferment versetzt, das den Zucker aus dem Hafer freisetzt. Dadurch entsteht ein leicht süßes, nussig schmeckendes Getränk. Zur Verbesserung des Geschmacks wird meist Sonnenblumen- oder Rapsöl zugegeben. Der Fettgehalt von Haferdrink ist mit ein bis 1,5 Prozent pro 100 ml trotzdem sehr niedrig. Auch der Eiweißgehalt ist mit einem Gramm pro 100 ml deutlich niedriger als der von Kuhmilch oder Sojamilch. Einige Produkte enthalten als Stabilisator Carrageen, was für ein cremiges Mundgefühl sorgt. Eine Besonderheit des Hafers ist sein hoher Anteil an Beta-Glucanen. Dies ist ein löslicher Ballaststoff, der dazu beitragen kann, Blutzuckerspiegel und Cholesterinspiegel zu stabilisieren. Mit Haferdrink können Sie gut Milchshakes oder Puddings zubereiten. Wegen seines feinen Hafergeschmacks eignet er sich auch als Milchersatz für Müsli, Cerealien und Porridge.

> **Blaubeer-Porridge**
> Für 1 Portion: 50 g Haferflocken, 200 ml Haferdrink, 1 Prise Salz, 125 g frische oder TK-Blaubeeren, Honig
> Die Haferflocken mit dem Haferdrink und Salz in einem Topf unter Rühren einmal aufkochen. Die Blaubeeren zugeben und das Porridge zugedeckt 5 Minuten ausquellen lassen. Mit etwas Honig servieren.

Hafercreme

Hafercreme hat einen Fettgehalt von sieben bis zwölf Prozent und enthält als Verdickungsmittel Guarkernmehl, Johannisbrotkernmehl oder Xanthan. Sie lässt sich wie Sahne zum Kochen verwenden und ist eine Alternative für alle, die neben der Kuhmilch auch auf Soja verzichten müssen oder möchten.

! Hafercreme wird auch unter der Bezeichnung „Hafer Cuisine" angeboten.

Reis

Reisdrink

Dieser Drink bietet sich an, wenn Sie unter mehreren Unverträglichkeiten und Allergien gegen Soja, Nüsse oder Getreide gleichzeitig leiden. Reisdrink ist besonders allergenarm, er enthält wenig Fett und der Eiweißanteil ist sehr gering. Für die Zubereitung von Reisdrink wird der Reis vermahlen, mit Wasser versetzt und einer enzymatischen Spaltung unterzogen. Dabei wird die Reisstärke in Zucker umgewandelt, was für einen süßen Geschmack des Drinks sorgt. Weitere Zutaten sind meist Sonnenblumenöl und Salz. Auch Stabilisatoren und Maltodextrin können enthalten sein. Reisdrink hat einen leicht süßlichen milden Geschmack, im Handel gibt es ihn oft gemischt mit anderen Pflanzendrinks wie z. B. Soja und Reis. Wegen seines süß-neutralen Geschmacks können Sie Reisdrink für alle süßen Zubereitungen verwenden.

> **!**
>
> Reisdrink und Mandeldrink eignen sich wegen ihres süßen Geschmacks besonders gut für süße Zubereitungen.

Dinkel

Dinkeldrink

Dieser Getreidedrink besteht aus Vollkorn-Dinkel, Wasser, Öl und Salz. Wegen seines mild nussiges Geschmacks wird er gerne pur als Milchersatz getrunken. Bei der Herstellung von Dinkeldrink findet eine Fermentation statt, die für seine dezente Süße verantwortlich ist. Wegen des leicht getreidigen Aromas eignet er sich gut in allen Frühstückszubereitungen wie Müsli und warme Getreidebreie.

> **Dinkel-Cappuccino**
> Für 1 Portion: 150 ml Dinkeldrink, 1 frisch gekochter Espresso
> Dinkeldrink erhitzen und mit dem Milchaufschäumer aufschlagen.
> 1 starken Espresso zugießen und nach Geschmack süßen.

Mandeln

Mandeldrink

Der mild nussig schmeckende Mandeldrink wird aus meist vorher gerösteten Mandeln, Wasser und Salz hergestellt. Manche Sorten enthalten zusätzlich Zucker oder Agavendicksaft als Süßungsmittel oder Verdickungsmittel wie Johannisbrotkernmehl oder Gellan. Mandeldrink ist mit etwa 30 kcal pro 100 ml kalorienarm, der Eiweißgehalt ist gering. Der Mandelanteil variiert in den Drinks der verschiedenen Hersteller von zwei bis elf Prozent. Im Sortiment finden Sie auch verschiedene Mischungen, z. B. Mandel-Reis-Drink. Mandeldrink eignet sich wegen seines leicht marzipanartigen Geschmacks besonders gut für süße Zubereitungen.

Avocado-Bananen-Smoothie
Für 1 Portion: ¼ Avocado, ½ Banane, 200 ml Mandeldrink
Alle Zutaten gut mixen und sofort servieren.

Mandeln in der Küche

Die Mandel ist eine Steinfrucht mit einem besonders milden Geschmack. Sie ist als ganze, gehackte und gemahlene Frucht zu kaufen und wird für Marzipan, als Gebäckzutat oder für Mandelmus verwendet. Die Mandel enthält 49 Prozent Fett und davon einen großen Anteil an Omega-3-Fettsäuren. Sogar der Eiweißgehalt mit 21 Prozent kann sich sehen lassen, und neben vielen Mineralstoffen wie Magnesium, Kalium und Kalzium enthält sie besonders viel Folsäure.

Nüsse

Haselnussdrink, Cashewdrink, Macadamiadrink

Besonders edel sind Pflanzendrinks aus verschiedenen, meist vorher gerösteten Nüssen. Diese werden vermahlen und mit Wasser und meist auch Süßungsmitteln versetzt. Im Handel sind Sorten wie Haselnussdrink, Cashewdrink oder auch Macadamiadrink erhältlich, die wegen des höheren Preises der Grundzutaten in der Regel etwas teurer sind. Wie der Mandeldrink enthalten Nussdrinks nicht viele Kalorien und nur wenig Eiweiß. Ihr Fettgehalt entspricht dem Anteil an Nüssen im Produkt und liegt meist zwischen 1,5 und drei Prozent. Nussdrinks enthalten B-Vitamine, Vitamin E und Eisen. Wegen ihres typischen Aromas sind sie gut für die Zubereitung von Smoothies, Puddings und Gebäck geeignet.

Cashewfrucht in der Küche

Die Kerne der Cashewfrucht werden bei uns getrocknet, geröstet und gesalzen angeboten, sie schmecken leicht süßlich und nussig. Sie sind eine beliebte Zutat von asiatischen und vegetarischen Gerichten, im Pesto sind sie eine Alternative zu Pinienkernen. Die Kerne enthalten unter anderem Fett (46 Prozent), Eiweiß (15 Prozent), viel Magnesium und Eisen.

Haselnuss in der Küche

Die Haselnuss wächst auch bei uns am Haselnussstrauch. Sie wird ganz, gehackt oder gemahlen angeboten und ist eine häufige Zutat in Kuchen und Keksen. Besonders lecker wird Haselnussmehl, wenn Sie die Nüsse erst in einer Pfanne anrösten und dann mahlen. Haselnüsse können Sie aber auch gut so knabbern. Haselnüsse enthalten unter anderem Fett (63 Prozent) und Eiweiß (16 Prozent), Folsäure und Vitamin E, Kalium, Magnesium und Kalzium.

Besonders wertvoll: Fett in Nüssen und Samen

Wenn Sie mehrmals pro Woche eine Handvoll Nüsse essen, senken Sie Ihr Risiko für Herz-Kreislauf-Erkrankungen. Besonders der hohe Anteil an einfach ungesättigten Fettsäuren wirkt sich dabei günstig aus. Einige Sorten wie z. B. Walnüsse enthalten einen nennenswerten Anteil an Omega-3 Fettsäuren, sie senken den Cholesterinspiegel und damit verringert sich das Risiko von Arteriosklerose – ein wichtiger Faktor bei der Entstehung von Herzinfarkt und Schlaganfall. Außerdem haben Nüsse einen hohen Ballaststoffgehalt, reichlich Vitamine und Mineralstoffen sowie einen guten Sättigungswert. Nüsse enthalten außerdem reichlich von den sekundären Pflanzenstoffen Polyphenole und Phenolsäuren.

Durch ihren hohen Fettgehalt sind Nüsse allerdings auch kalorienreich, und wer eine 200-Gramm-Dose gesalzene Erdnüsse beim Fernsehen wegfuttert, hat seinen täglichen Bedarf an Fett allein dadurch überschritten. Dennoch essen wir im Durchschnitt nur magere zwei Gramm Nüsse pro Tag. Hier gilt es also ruhig häufiger zuzugreifen: Ein paar Walnüsse im Salat, Cashewkerne im Wokgericht oder gehackte und geröstete Haselnüsse zum Obstsalat oder im Müsli versorgen Sie mit gesunden Fetten, sättigen gut und belasten Ihr Kalorienkonto nicht zu stark. Da besonders Mandeln über einen sehr guten Sättigungswert verfügen, sind sie der ideale Snack für Zwischendurch.

Macadamianuss in der Küche

Die Macadamianuss ist eine Baumfrucht mit einem besonders leckeren, feinen Aroma. Sie ist bei uns hauptsächlich als gerösteter Snack oder als Mus zu bekommen. Macadamianüsse haben mit 72 Prozent einen hohen Fettgehalt und sind besonders reich an einfach ungesättigten Fettsäuren.

Wann sind pflanzliche Alternativen zu tierischen Milchprodukten sinnvoll?

Es gibt einige gute Gründe, Kuhmilch durch pflanzliche Alternativen zu ersetzen und dadurch den Verzehr tierischer Produkte sinnvoll zu reduzieren. Die wichtigsten haben wir hier zusammengestellt:

1. Manche Menschen vertragen die pflanzliche Alternativen zu Milch und Milchprodukten besser.
2. Hülsenfrüchte wie Soja und Lupine sind gute Eiweißlieferanten und cholesterinfrei.
3. Viele der Milchersatzprodukte kommen aus biologischem Anbau.
4. Täglich 125 Gramm Soja- oder Lupinendrink und 125 Gramm Soja- oder Lupinenjoghurt entsprechen den Verzehrempfehlungen für Milchprodukte der Deutschen Gesellschaft für Ernährung (DGE). Aber die Produkte sollten ausreichend mit Kalzium angereichert sein.
5. Joghurtersatz aus Soja oder Lupine schmeckt sehr gut und lässt sich mit Obst gut zum gesunden Müsli oder als Zwischenmahlzeit anrichten.
6. Viele der Joghurtersatzprodukte werden mit Milchsäurebakterien angereichert. Das macht sie wertvoll für den gesunden Darm.
7. Quarkersatz ist etwas fettreicher, enthält aber die guten Fettsäuren und kein Cholesterin. Er ist deshalb perfekt für Aufstriche. Am besten mit Kräutern und Gewürzen variieren.
8. Sahne aus Hülsenfrüchten und Nüssen hat weniger Fett als Sahne aus Kuhmilch, aber genauso viel Geschmack. Ihr Einsatz in der Küche für Suppen und Saucen ist simpel und gesund.
9. Am besten streichen Sie Reformmargarine aus Pflanzenölen statt Butter aufs Brot. Außerdem geben Sie lieber Pflanzenöl statt Butterschmalz in die Pfanne. Die pflanzlichen Öle enthalten viel Omega-3- und Omega-6-Fettsäuren.
10. Wie Sahne aufgeschlagene Soja- oder Kokoscreme macht die Eiscreme besonders cremig. Unser Tipp: Mit Banane, Mango und Avocado als Grundzutat wird jedes Eis zum Gaumenschmaus.

Kokosnuss

Kokosmilch

Kokosmilch, meist in Konserven erhältlich, ist eine dickflüssige Zubereitung aus dem Fruchtfleisch von Kokosnüssen. Dieses wird gerieben und mit Wasser erhitzt, je nach Zubereitungsmethode ist das Endprodukt eine dickliche, weiße, cremige Flüssigkeit, die ultrahocherhitzt lange haltbar ist. Oft setzt sich das Kokosfett im oberen Teil der Konserve ab, durch Schütteln verbindet sich jedoch alles wieder gut miteinander. Meist hat Kokosmilch einen Fettgehalt von 15 bis 25 Prozent. Es gibt auch etwas fettärmere Varianten, die zusätzlich mit Wasser verdünnt werden. Diese Produkte sind mit dem Zusatz „leicht" oder „kalorienreduziert" gekennzeichnet. Kokosmilch eignet sich für die Zubereitung von Suppen, Saucen, Currys sowie süßen Gerichten.

!

In unseren Rezepten verwenden wir Kokosmilch mit 80 Prozent Kokosnuss, die ebenso wie Kokoscreme zu Sahne aufgeschlagen werden kann.

Kokosmilch wird aus dem Fruchtfleisch der Kokosnuss hergestellt.

Kokoscreme

Kokoscreme besteht zu 100 Prozent aus Kokosnuss. Aufgrund der cremigen Konsistenz ist sie für manche Rezepte besser geeignet als die etwas flüssigere Kokosmilch.

Kokoswasser

Ein neueres Produkt auf dem Markt ist Kokoswasser. Dies wird aus dem Inneren der jungen, noch grünen Kokosfrucht gewonnen und ist fettfrei. Im Handel findet man Kokoswasser als Wellnessgetränk, häufig versetzt mit verschiedenen Fruchtsäften.

Kokosdrink

Der Kokosdrink ist ein Pflanzendrink, der aus fünf bis acht Prozent Kokosfruchtfleisch, Wasser, Salz und meist einem Süßungsmittel besteht. Kokosdrink hat einen sehr geringen Eiweiß- und Fettgehalt und ist entsprechend kalorienarm. Er eignet sich besonders zur Herstellung von Shakes und Smoothies sowie im Müsli.

> **Exotischer Kokosdrink**
> Zutaten für 1 Portion: 150 ml Kokosdrink, 50 ml Maracujasaft, 50 g Mango-Fruchtfleisch
> Alle Zutaten im Mixer pürieren.

Kokos in der Küche

Die Frucht der Kokospalme lässt sich sehr vielseitig verwenden. Neben der Kokosmilch, dem Kokoswasser und Kokosdrinks können Sie auch das geraspelte Kokosfleisch und Kokosfett kaufen. Weil es ein festes Fett ist, wird es oft in Margarine und Gebäck verwendet, so konnte die Industrie die umstrittenen gehärteten Fette ersetzen. Als pflanzliches Fett enthält Kokos kein Cholesterin, und mit 36 Prozent einen vergleichbar geringen Anteil an Fett. Aber der Anteil an gesättigten Fettsäuren ist hoch, deshalb sollten Sie es nur in kleinen Mengen verwenden. Der Gehalt an Eiweiß, Mineralstoffen und Vitaminen ist auch eher gering.

Ghee oder Butterschmalz

Eine Ausnahme unter den Milchprodukten ist das Butterschmalz, das aus Kuhmilch-Butter hergestellt wird. Der Butter werden durch langsames Erhitzen und Schleudern die Bestandteile Wasser, Micheiweiß und Milchzucker entzogen. Übrig bleibt ein reines Butterfett, das Sie zum Braten und Backen verwenden können. Ähnlich ist auch die Herstellung von Ghee in der ayurvedischen Küche.

Milchersatz leicht und preiswert selbstgemacht

Pflanzendrinks und Pflanzencremes haben in den letzten Jahren den Markt erobert. Sie sind nicht nur eine gute Alternative für Menschen, die auf Milchprodukte verzichten müssen oder wollen, sondern sie schmecken auch sehr gut und besitzen jede Menge gesunde Inhaltsstoffe. Allerdings sind sie auch deutlich teurer als Trinkmilch. Da lohnt es sich, diesen Milchersatz selbst herzustellen. Wir zeigen Ihnen, wie es geht.

Für alle selbst hergestellten Milchersatzprodukte gilt:
- Alle Arbeitsutensilien und Aufbewahrungsgegenstände müssen absolut sauber sein.
- Verwenden Sie nur einwandfreie Zutaten.
- Die Drinks sind ca. drei Tage im Kühlschrank haltbar.

Sojadrink

Zutaten für 1 Liter

100 g getrocknete Sojabohnen

1 TL Zitronensaft

Salz oder Zucker bzw. Süßungsmittel

Zubereitung

- Die Sojabohnen in eine saubere Schüssel geben, mit Wasser bedecken. Mit einem Tuch oder Folie abdecken und über Nacht kühl stellen.
- Am nächsten Tag die Bohnen in ein Sieb geben und abspülen. In einen Topf geben, wieder mit Wasser bedecken, den Zitronensaft unterrühren und die Sojabohnen ca. 30 Minuten kochen. Abseihen, dann mit 1 Liter Wasser in einen Standmixer geben und mindestens 3 Minuten sehr fein pürieren. Eventuell in zwei Portionen aufteilen, wenn der Standmixer nicht ausreicht. Mit einem guten Pürierstab kann auch alles im Topf püriert werden.
- Das Sieb auf eine große, saubere Schüssel setzen, mit einem Küchentuch auslegen, das Sojapüree hineingießen mit einem großen Löffel durch das Tuch passieren. Wenn nichts mehr durch das Sieb tropft, das Tuch herausnehmen und kräftig auswringen.
- Der Sojadrink kann jetzt mit etwas Salz abgeschmeckt werden. Wer es süß mag, gibt nach eigenem Geschmack Zucker oder Honig hinzu. Dann in eine sehr saubere Glasflasche füllen und im Kühlschank aufbewahren.
- Der im Tuch verbliebene Presskuchen kann für einige Tage in einer gut verschließbaren Dose aufbewahrt und als Zugabe in Saucen, Eintöpfen, Kuchen oder Desserts verwendet werden.

Nussdrink

Zutaten für 0,5 Liter

200 g Nüsse (Haselnuss, Mandel, Macadamia, Cashewkerne)

Salz

Vanille oder Sirup nach Geschmack

Zubereitung

- Die Nüsse in einer Pfanne ohne Fett kurz anrösten, bis sie anfangen zu duften. Dann abkühlen lassen. Die ganzen Nüsse in eine Schüssel geben, mit 400 ml kaltem Wasser bedecken und 8 bis 10 Stunden (am besten über Nacht) quellen lassen.
- Das überschüssige Wasser abgießen und die Nüsse in den Standmixer oder in eine hohe Rührschüssel geben. Mit 1 Liter heißem Wasser und Salz solange pürieren, bis eine feine weißliche, leicht cremige Flüssigkeit entstanden ist.
- Nun das Sieb auf eine sehr saubere Schüssel setzen und mit einem Tuch auslegen. Die Nussmilch durch das Tuch passieren, also mit einem großen Löffel durch das Tuch streichen. Zum Schluss das Tuch kräftig ausdrücken.
- Die Flüssigkeit mit Vanille oder Sirup abschmecken, dann nochmals kurz durchmixen. Zum Schluss in eine saubere Glasflasche füllen und im Kühlschrank aufbewahren.

Tipp
Wir verteilen das im Tuch verbliebene Nussmehl auf einem Backblech und lassen es trocknen. Das Nussmehl schmeckt sehr gut zum Müsli oder kann in Brot und Kuchenteigen mitgebacken werden. Einfach einen Teil des Mehls durch Nussmehl ersetzen.

Getreidedrink

Zutaten für 1 Liter

50 g Getreideflocken (Hafer, Reis, Dinkel)

Salz

Zubereitung

- Getreideflocken mit 1 Liter Wasser und dem Salz in einen Kochtopf geben und aufkochen. Unter gelegentlichem Rühren etwa 20 Minuten köcheln lassen. Den Topf vom Herd nehmen und den Getreidebrei abkühlen lassen.
- Anschließend alles mit einem Standmixer oder mit einem Pürierstab etwa 2 Minuten lang fein pürieren. In ein Sieb mit Küchentuch geben und wie bei den anderen Pflanzendrinks auspressen und abfüllen.

Tipp

Wer die wässrigen Auszüge der Pflanzendrinks nicht mag und eine cremige Konsistenz bevorzugt, der kann den Getreide-Drink auch ohne Auspressen genießen und weiterverarbeiten.

Schneller Kokosdrink

Zutaten für 1–1,5 Liter

1 Kokosnuss

Zubereitung

- Die Kokosnuss öffnen und das Kokoswasser auffangen. Die Schale entfernen und das Fruchtfleisch in kleine Würfel schneiden oder brechen. Kokoswasser und Fruchtfleisch mit dem Pürierstab oder im Standmixer mindesten 3 Minuten sehr fein pürieren.
- Der Gehalt an Kokoswasser in den Früchten ist unterschiedlich, je nach Frische der Kokosnuss. Daher evtl. etwas abgekochtes Leitungswasser zugeben, damit eine feine Masse entsteht, aus der ein Kokosdrink abgepresst werden kann.
- Die nächsten Arbeitsschritte sind die gleichen wie bei den anderen Drinks: Pürierte Kokosnuss in ein Sieb mit Küchentuch geben, abtropfen lassen, auspressen und in Glasflaschen abfüllen oder sofort verwenden. Das Kokosmehl kann ebenfalls getrocknet und in der Küche weiterverwendet werden.

Tipp

Wenn keine frische Kokosnuss vorhanden ist, übergießen Sie 200 g Kokosraspel mit 400 ml kochendem Wasser, lassen das Ganze abkühlen und pressen es dann aus.

Für Kokossahne schlagen Sie Kokoscreme oder Kokosmilch (80 Prozent) aus der Konserve auf, nach Geschmack eventuell noch etwas süßen. Wir verwenden Kokossahne für unseren exotischen Fruchtsalat (Rezept Seite 74).

Nusssahne

Zutaten für 280 ml

200 ml Nussmilch

80 ml Rapsöl

1 TL Weinessig oder Obstessig

Zubereitung

* Die zimmerwarme Pflanzenmilch mit dem Rapsöl in ein hohes Gefäß gegeben und mit einem Pürierstab mindestens 30 Sekunden mixen. Es entsteht eine gleichmäßige, leicht cremige Masse. Dann den Essig zugeben und nochmals für einige Sekunden durchmixen. So wird die Pflanzensahne noch cremiger.

Tipp

Die Pflanzensahne dient zum Verfeinern von Suppen und Saucen. Sie kann auch als Grundlage für Salatdressing oder Dips verwendet werden.

Wenn die Sahne aufgeschlagen werden soll, geben Sie auf 200 ml Sahne noch 1 TL Johannisbrotkernmehl oder Guarkernmehl.

Nussfrischkäse

Zutaten für 200 g
175 g Cashewkerne

Saft von 1 Zitrone oder 2 EL Apfelessig

Salz

Geschmackszugabe

Pfeffer

gehackte Kräuter

Lauchzwiebel

Gehackte Walnüsse

Zubereitung
- Die Cashewkerne mit reichlich kaltem Wasser in eine Schüssel geben und abgedeckt über Nacht einweichen.
- Die Kerne abseihen und mit dem Zitronensaft in einen Standmixer oder eine hohe Rührschüssel geben. Gerade so viel Wasser dazugeben, dass sich die Kerne gut zu einer cremigen Masse pürieren lassen, die aber nicht zu weich werden soll.
- Den Frischkäse mit Salz und den Geschmackszutaten abschmecken und im Kühlschrank aufbewahren.

Tipp

Diesen Nussfrischkäse sollten Sie immer im Vorrat haben. Er eignet sich nicht nur als Brotaufstrich, sondern man kann damit auch hervorragend Saucen und Suppen verfeinern.

Käseersatz

Zutaten für 200 g

160 g Cashewkerne

2 EL Hefeflocken

1 TL Salz

Zubereitung

- Cashewkerne mit 200 ml Wasser in eine Schüssel geben und ca. 6 Stunden einweichen.
- Hefeflocken und Salz dazugeben und alles mit einem Pürierstab fein pürieren. Eventuell noch etwas Wasser zufügen, bis eine cremige Masse entstanden ist.

Tipp

Der Käseersatz kann für Pizza verwendet werden, aber auch zum Überbacken von Gemüse und Fisch.

Wertvolle Inhaltsstoffe der Milch ersetzen

Für eine gesunde Ernährung empfiehlt die Deutsche Gesellschaft für Ernährung (DGE), täglich drei Portionen Milch und Milchprodukte zu verzehren. Dies bezieht sich auf Trinkmilch von der Kuh, der Ziege oder dem Schaf und den daraus hergestellten Produkten. Eine Portion entspricht:

- 1 Glas (150 ml) Trinkmilch, Buttermilch, Dickmilch, Kefir
- 2 Scheiben (50–60 g) Frischkäse, Weichkäse oder Hartkäse
- 1 Schälchen (100–150 g) Quark oder Joghurt

Wenn Sie unter Laktoseintoleranz oder einer Milcheiweißallergie leiden, kommen diese Produkte für Sie nicht in Frage. Doch was macht die Milch und die daraus hergestellten Produkte so gesund? Milch enthält viele wertvolle Inhaltsstoffe: Milchzucker, Milchfett, Milcheiweiß, Vitamine, Mineralstoffe und Milchsäurebakterien. Jeder für sich hat seine Bedeutung und im Zusammenspiel haben sie im Normalfall eine günstige Wirkung auf den Körper. Wie lässt sich dies mit anderen Lebensmitteln erzielen?

Milchzucker

Milchzucker ist ein Doppelzucker, der aus einem Molekül Traubenzucker (Glukose) und einem Molekül Schleimzucker (Galaktose) besteht. Er kommt nur in der Milch von Säugetieren und nicht in pflanzlichen Produkten vor und verleiht der Kuhmilch einen leicht süßen Geschmack. Der Milchzucker schmeckt jedoch weniger süß als Saccharose (Haushaltszucker). Je weiter Milchprodukte verarbeitet werden und reifen, umso geringer ist der Milchzuckergehalt. Das ebenfalls in der Milch enthaltene Kalzium wird durch Milchzucker leichter aus dem Darm ins Blut aufgenommen.

Milchzucker unterstützt den Darm in seiner Tätigkeit. Er hemmt Fäulnisbakterien, die bei der Verdauung im Darm entstehen, und fördert das Wachstum bestimmter Darmbakterien, die für eine gesunde Darmflora wichtig sind. Diese Darmbakterien, insbesondere Milchsäurebakterien, gehören zu unserem Immunsystem und der Milchzucker dient ihnen als Nahrung. Lebensmittel, die Milchsäurebakterien enthalten, werden als Probiotika bezeichnet.

!

Probiotika enthalten Milchsäurebakterien, die das Wachstum bestimmter Darmbakterien unterstützen und damit die Darmflora stärken.

So können Sie Milchzucker durch andere Lebensmittel aufnehmen
Verbesserung der Kalziumaufnahme: Essen Sie täglich Obst. Die im Obst enthaltene Zitronensäure unterstützt ebenfalls die Aufnahme vom Kalzium im Darm.
Unterstützung der Darmbakterien: Vielen Milchersatzprodukten werden Probiotika zugesetzt. Milchsäurebakterien sind auch in frischem Sauerkraut oder gesäuertem Gemüse (Kimchi) enthalten. Ergänzend können Sie Probiotika in Form von Tropfen oder Kapseln zu sich nehmen.

Milchfett
Das in der Trinkmilch enthaltene Fett bildet kleine Kügelchen in unterschiedlicher Größe und sorgt für ein angenehmes Mundgefühl, das mit dem guten Geschmack von Milch und Milchprodukten in Verbindung gebracht wird. Je mehr Fettkügelchen,

So können Sie Fett durch andere Lebensmittel aufnehmen
Verbesserung des Mundgefühls: Die meisten Pflanzendrinks sind fettarm. Wenn Sie bei der Herstellung etwas Pflanzenöl zugeben, verbessern sich das Mundgefühl und der Geschmack.
   Die einfach und mehrfach ungesättigten Fettsäuren, die in den Nüssen und Samen besonders reichhaltig enthalten sind, haben sogar gesundheitliche Vorteile. Soja- und Lupinendrinks enthalten etwas mehr Fett als die anderen Pflanzendrinks.

umso schöner das cremige Gefühl und der Geschmack. Die in der Milch enthaltenen Fette finden sich aber auch in Nüssen, Samen und Getreide.

Milcheiweiß

Das in der Kuhmilch enthaltene Milcheiweiß (Kasein und Molkeneiweiß) ist zusammengesetzt aus vielen verschiedenen Aminosäuren. Einige davon sind besonders wichtig, denn es sind essenzielle Aminosäuren, das bedeutet, der Körper kann sie nicht selbst herstellen und ist auf die Zufuhr über Lebensmittel angewiesen. In der Milch sind alle essenziellen Aminosäuren enthalten – aber auch in anderen Lebensmitteln. Daher besteht nicht zwangsläufig eine Gefahr des Eiweißmangels, wenn Sie auf Milch und Milchprodukte verzichten.

So können Sie essentielle Aminosäuren durch andere Lebensmittel aufnehmen
Fleisch, Fisch, Eier, Nüsse, Samen und Getreide enthalten ebenfalls wichtige essentielle Aminosäuren. Wenn Sie nicht zusätzlich auf weitere Lebensmittel verzichten, besteht keine Gefahr eines Eiweißmangels.
    Zusätzlich können Sie die Verfügbarkeit der Aminosäuren verbessern, indem Sie die Lebensmittel geschickt kombinieren: So enthält ein Gericht, das aus Eiern und Kartoffeln besteht, sämtliche lebenswichtige Aminosäuren. Das gilt auch für die Kombinationen Eier und Soja oder Bohnen und Mais.

Vitamine

Vitamin A und Beta-Carotin

Milch enthält das fettlösliche Vitamin A und Beta-Carotin, aus dem im Körper Vitamin A hergestellt werden kann. Ein Mangel an Vitamin A kann zu Nachtblindheit, schuppiger Haut, trockener Schleimhaut oder Erblindung führen. Eine Überdosis des Vitamins kann der Leber schaden.

So können Sie Vitamin A durch andere Lebensmittel aufnehmen
Vitamin A ist zum Beispiel enthalten in Leber, Eiern und Fisch.
Beta-Carotin ist zum Beispiel enthalten in Karotten, Spinat, Paprika, Tomate, Brokkoli und Aprikosen.

Vitamin B1 (Thiamin)

Thiamin gehört zur Vitamin-B-Gruppe und ist wasserlöslich. Der Organismus benötigt dieses Vitamin, um aus Kohlenhydraten (Zucker) Energie gewinnen zu können. Ein Mangel an Vitamin B1 kann Appetitlosigkeit, Muskelschwäche und Herzbeschwerden verursachen.

So können Sie Vitamin B1 durch andere Lebensmittel aufnehmen
Mit Vollkorngetreide, Hafer, Soja, Erbsen, Schweinefleisch und Hefe.

Vitamin B2 (Riboflavin)

Vitamin B2 ist ebenfalls ein wasserlösliches Vitamin der B-Gruppe. Bei Entzündungen an der Haut, Wachstumsverzögerungen bei Kindern und Blutarmut kann es sich um einen Mangel des Vitamins handeln.

So können Sie Vitamin B2 durch andere Lebensmittel aufnehmen
Mit Eiern, Fleisch, Vollkorngetreide, Leber, Seefisch, Mandeln und Pilzen.

Vitamin C (Ascorbinsäure)

Vitamin C ist wasserlöslich, es hilft bei dem Aufbau von Bindegewebe und Knorpel. Eisen kann deutlich besser aufgenommen werden wenn es zeitgleich mit Vitamin C verzehrt wird.

So können Sie Vitamin C durch andere Lebensmittel aufnehmen
Mit Sanddorn, Johannisbeeren, Kiwi, Tomaten, Paprika, Zitrusfrüchten und Kartoffeln.

Vitamin D (Calciferol)

Das fettlösliche Vitamin D fördert die Aufnahme von Kalzium und Phosphat aus dem Darm ins Blut und es unterstützt die Einlagerung von Kalzium in die Knochen. Ein Mangel an Vitamin D bedeutet langfristig einen Mineralstoffabbau in den Knochen. Der Körper ist in der Lage, mit Hilfe von Sonnenlicht über die Haut Vitamin D selbst zu bilden.

So können Sie Vitamin D durch andere Lebensmittel aufnehmen
Mit fettreichem Fisch, Eiern, Pilzen und Pflanzenmargarine, die mit Vitamin D angereichert ist.

Vitamin E (Tocopherol)

Das fettlösliche Vitamin E gehört mit zu den Antioxidantien. Es schützt die Körperzellen, indem es an den Zellwänden die Oxidation hemmt.

So können Sie Vitamin E durch andere Lebensmittel aufnehmen
Mit Weizenkeimen, Sonnenblumenkernen, Mais, Mandeln, Soja und daraus hergestellten Ölen.

Mineralstoffe

Kalzium

Kalzium ist der wichtigste Mineralstoff für unsere Knochen und Zähne. Besonders bei Kindern und Jugendlichen im Wachstum, wenn die Knochen gebildet werden, ist eine gute Kalziumversorgung wichtig. Je älter wir werden, umso weniger können wir Kalzium in unsere Knochen einlagern. Deshalb sollten wir auch dann auf eine ausreichend kalziumhaltige Ernährung achten. Wenn dem Organismus nicht genug Kalzium für Stoffwechselvorgänge zur Verfügung steht, werden die Reserven in den Knochen aufgebraucht. Ein starker Abbau der Knochen äußert sich als Osteoporose.

So können Sie Kalzium durch andere Lebensmittel aufnehmen
Mit kalziumreichem Mineralwasser, das mindestens 150 Milligramm pro Liter enthält. Außerdem mit Grünkohl, Brokkoli, Haselnuss und Mohn.

Kalium

Wir brauchen Kalium für die Reizübermittlung zwischen Nerven und Muskulatur. Besonders wichtig ist das Kalium für den Herzrhythmus. Bei einem Kaliummangel kann es zu Muskelschwäche und Herzrhythmusstörungen kommen.

So können Sie Kalium durch andere Lebensmittel aufnehmen
Mit allen Obst- und Gemüsesorten sowie Hülsenfrüchten. Besonders kaliumreich sind Bananen und Kartoffeln sowie getrocknete Aprikosen.

Phosphor

Phosphor wird in den Knochen und Zähnen eingelagert, außerdem unterstützt er die Energiegewinnung aus Kohlenhydraten, Fetten und Eiweiß in den Zellen. Ein Phosphatmangel besteht bei unserer heutigen Ernährung eher nicht. Phosphat ist in nahezu allen Lebensmitteln vorhanden und wird in der industriellen Verarbeitung der Lebensmittel oft zugesetzt. Eine zu hohe Aufnahme an Phosphat ist schlecht für den Kalziumstoffwechsel, denn dieser wird durch Phosphat gehemmt.

So können Sie Phosphor durch andere Lebensmittel aufnehmen
Mit Fleisch, Eiern und Fisch.

Jod

Das Spurenelement Jod muss nur in keinen Mengen aufgenommen werden, ist aber trotzdem lebensnotwendig. Die Schilddrüse benötigt Jod, um Schilddrüsenhormone zu produzieren, die wiederum für den Energiestoffwechsel wichtig sind. Der Jodgehalt in Lebensmitteln ist eher gering, daher haben viele Menschen in unserer Gegend einen Jodmangel. Die Folge eines langfristigen Jodmangels kann eine Schilddrüsenunterfunktion sein. Besonders schwangere Frauen müssen auf eine ausreichende Jodversorgung achten.

So können Sie Jod durch andere Lebensmittel aufnehmen
Mit Seefisch, Eiern, jodiertem Speisesalz und damit hergestellten Produkten wie Brot und Wurst.

Milchsäurebakterien

Milchsäurebakterien leben im Darm von Menschen und Säugetieren. Schon nach der Geburt erhält unser Mikrobiom diese wichtigen Darmbakterien durch das Stillen. Sie unterstützen uns bei der Verdauung pflanzlicher und tierischer Eiweiße. Dafür verarbeiten Milchsäurebakterien Kohlenhydrate zu Essigsäure, die das Eiweiß aus den pflanzlichen und tierischen Lebensmitteln gerinnen lässt (denaturiert). Erst dann kann es im Dünndarm für die weitere Verdauung genutzt werden.

Wenn wir regelmäßig Sauermilchprodukte zu uns nehmen, wird der Darm ausreichend mit Milchsäurebakterien versorgt. Stellen wir auf eine milchfreie Ernährung um, fehlt der Nachschub. Zwar können wir die bereits im Darm vorhandenen Bakterien anfüttern, denn bestimmte Kohlenhydrate aus Lebensmitteln, wie zum Beispiel aus Gemüse, dienen den Bakterien als Futter. Trotzdem kommt es oft über Wochen bis Monate nach der Ernährungsumstellung zu Verdauungsproblemen wie Blähungen und Durchfall. Besonders häufig können wir das bei Menschen feststellen, die nach jahrelangem Verzehr tierischer Lebensmittel damit beginnen, sich vegan zu ernähren.

In der Lebensmittelproduktion setzt man die Milchsäurebakterien zur Herstellung von Sauermilchprodukten wie Joghurt, Quark, Buttermilch, Kefir oder Dickmilch ein. Die Bakterien werden der Milch zugesetzt und verwerten dann den Milchzucker (Laktose) zu Milchsäure (Laktat). Daraus entsteht ein Milchprodukt, das einen leicht säuerlichen Geschmack bekommt und nach längerer Reifung und Abtrennung der Molke fester ist als Milch. Sauermilchprodukte haben einen geringeren Laktosegehalt als Trinkmilch.

Die häufigsten Milchsäurebakterien sind die Lactobacillus- und Bifidobacterium-Arten. Sie werden zur Produktion von Sauermilchprodukten eingesetzt und gelegentlich auch den Milchersatzprodukten zugefügt, um Joghurt- oder Quarkersatz mit säuerlichem Geschmack zu erhalten.

Milchsäurebakterien spielen auch bei der Herstellung von Sauerkraut, Sauerteig, Salami und Brottrunk eine Rolle. Diese

Lebensmittel können Sie sich zunutze machen, wenn Sie Milchprodukte von Ihrem Speiseplan gestrichen haben. Natürlich nicht nur dann, denn Sauerkraut und Sauerteig sind auch so lecker.

Ursprünglich hat man die Milchsäuregärung dafür genutzt, Gemüse länger haltbar zu machen. Eher nebenbei hat sich herausgestellt, dass Gemüse wie zum Beispiel der Weißkohl sogar viel besser vertragen wird, wenn er zu Sauerkraut verarbeitet wurde. Die Milchsäurebakterien haben die weniger bekömmlichen Kohlenhydrate aus dem Kohl zu Essigsäure verwertet und diese wiederum sorgt dafür, dass die Fasern des Gemüses weicher werden. So entstand ein Lebensmittel, das über Monate gelagert werden konnte. Zudem ist Sauerkraut gesundheitsfördernd, denn Milchsäure fördert die Aufnahme von Kalzium im Darm und die Milchsäurebakterien sind wichtig für eine gesunde Darmflora.

> **!**
>
> Als Sauerkraut ist Weißkohl nicht nur länger haltbar, sondern auch gut verträglich und gesund.

Gesäuertes Gemüse selbst herstellen

Um selbst Gemüse zu fermentieren, brauchen Sie lediglich frisches Gemüse wie etwa Weißkohl oder Chinakohl, Salz, Wasser, eventuell Gewürze und ein sauberes Gefäß. Obst ist für das Fermentieren nicht geeignet, es enthält mehr Zucker als Gemüse und dieser vergärt eher zu Alkohol. An Gemüsesorten können Sie außer Kohl auch Wurzelgemüse und Gurken verwenden. Den milchsauren Saft, der dabei entsteht, können Sie trinken, er ist ebenfalls reich an Milchsäurebakterien.

Zuerst wird das Gemüse vorbereitet und zerkleinert – je kleiner es ist, umso schneller geht der Fermentierungsprozess voran. Das Gemüse kommt in ein sehr sauberes Gefäß – andere unerwünschte Mikroorganismen sollten sich nicht am Gärprozess beteiligen, das kann den Geschmack negativ verändern. Sie können etwas Molke als Starter zusetzen, sie fällt bei der Herstellung von

> **!**
>
> Gemüse, Salz, Wasser, ein paar Gewürze und etwas Zeit. Mehr brauchen Sie nicht, um leckeres und gesundes milchsaures Gemüse herzustellen.

Milch zu Käse an und enthält Milchsäurebakterien. Zum Schluss einfach Salz mit Wasser und eventuell Gewürzen zugeben.

Nun werden feste Gemüsesorten gestampft oder man knetet das Salz mit den Händen ein. Auf diese Weise tritt schneller etwas Saft aus und es muss am Ende nur noch so viel Wasser aufgefüllt werden, dass das Gemüse gut bedeckt ist und sich keine Luftschichten zwischen dem Gemüse bilden können. Da Milchsäurebakterien am besten ohne Sauerstoff arbeiten, beschweren Sie das Gemüse mit einem schweren Gefäß oder mit einem Teller, auf den Sie am besten einen Stein legen, damit das Gemüse nicht aufschwimmt. So bleibt das Gemüse von Wasser bedeckt und die Bakterien bekommen keinen Sauerstoff.

Ab dann wird das Gemüse in Ruhe gelassen. Die Milchsäuregärung kommt in Gang, ob mit oder ohne Starter. Das liegt daran, dass auch frisches Gemüse Milchsäurebakterien enthält, nur sind diese noch nicht aktiv.

Bitte verschließen Sie das Gefäß nicht ganz, denn die Bakterien produzieren nicht nur Säure, sondern auch Kohlendioxid und das sollte entweichen können. Legen Sie am besten einfach ein Tuch über das Gefäß, um es vor Verschmutzungen zu schützen. Wenn Sie ein Gefäß aus Glas benutzen, können Sie den Bakterien bei der Arbeit zuschauen, wenn langsam die feinen Luftbläschen aufsteigen. Milchsäurebakterien arbeiten am liebsten bei Zimmertemperatur, deshalb stellen Sie das Gefäß bitte nicht in den Kühlschrank.

Bis das Gemüse fertig vergoren ist dauert es etwa fünf bis zehn Tage. Dann sind die Kohlenhydrate, von denen sich die Milchsäurebakterien ernähren, zum größten Teil verbraucht, die Milchsäurebakterien sind weniger aktiv, der Gärprozess verlangsamt sich. Der Säuregehalt hingegen ist kräftig angestiegen und verhindert, dass andere, unerwünschte Bakterien das eingelegte Gemüse verderben. Jetzt ist das Gemüse, bei kühlen Temperaturen, für Monate haltbar.

Selbst gemachtes Sauerkraut

Zutaten für 2 kg

2 kg frischer Weißkohl

2 EL Salz

½ TL Wachholderbeeren

1 Lorbeerblatt

½ TL Kümmel, ganz

1 EL Molke (optional)

Zubereitung

- Den Weißkohl putzen, waschen und sehr fein hobeln. Ein sauberes Gefäß nehmen, das ausreichend groß ist, sodass beim Gären keine Flüssigkeit über den Rand läuft. Etwas von den Weißkohlstreifen in das Gefäß legen, dann etwas von dem Salz nehmen und kräftig mit den Händen oder einem Kartoffelstampfer aus Holz einkneten. Wenn etwas von dem Zellsaft aus dem Kohl austritt, ist das Salz genug eingearbeitet. So Schicht für Schicht weiterverfahren, bis der ganze Weißkohl im Topf ist. Es sollte keine Luft zwischen den Kohlschichten sein. Zwischendurch können die Gewürze mit eingearbeitet werden.

- Dann langsam mit Wasser aufgießen, bis der Kohl gerade bedeckt ist. In das Wasser kann bei Bedarf die Molke zum Starten zugegeben werden.

- Den Kohl mit einem flachen Teller oder schweren Gefäß beschweren, damit er nicht aufschwimmt. Die Schüssel lose mit einem Tuch abdecken.

- Den Kohltopf mindestens fünf Tage bei Zimmertemperatur ruhen lassen. Dann an einen etwas kühleren Ort stellen. Der Kohl sollte immer mit ausreichend Flüssigkeit bedeckt sein. Wenn das Sauerkraut fertig ist, kann es fest verschlossen im Kühlschrank aufbewahrt werden.

Milchsaure Karotten

Zutaten für 600 g

600 g frische Möhren

1 EL Salz

ein Stück Ingwer, in Scheiben geschnitten

Zubereitung

- 300 ml Wasser abkochen, Salz zugeben und abkühlen lassen.
- Die Möhren waschen, schälen und in feine Scheiben schneiden. Anschließend in ein ausreichend großes, sehr sauberes Gefäß geben und stampfen. Es sollte dabei etwas Zellsaft austreten. Die Ingwerscheiben zwischen die Möhrenscheiben legen, 300 ml abgekühltes Salzwasser langsam zugießen und darauf achten, dass es keine Lufteinschlüsse gibt. Die Möhren müssen komplett mit Wasser bedeckt sein.
- Die Möhren mit einem Teller oder schweren Gefäß abdecken, damit sie nicht aufschwimmen. Das Gefäß mit einem Tuch abdecken. Fünf Tage bei Zimmertemperatur stehen lassen, dann zwei Wochen bei etwas kälteren Temperaturen. Zum Schluss fest verschlossen im Kühlschrank aufbewahren.

Zehn Regeln für eine gesunde Ernährung

Die Deutsche Gesellschaft für Ernährung (DGE) hat nach aktuellen wissenschaftlichen Erkenntnissen zehn Regeln für eine gesunde, abwechslungsreiche und genussvolle Ernährung erstellt. Für Ihre Bedürfnisse haben wir diese Regeln an die Ernährung bei einer Laktoseintoleranz oder Milcheiweißallergie angepasst. So erhalten Sie alle lebensnotwendigen Nährstoffe.

1. Die Lebensmittelvielfalt genießen

Bringen Sie Abwechslung in Ihren Speiseplan und wählen Sie reichlich pflanzliche Lebensmittel. Energiearme Lebensmittel wie Gemüse und Vollkornprodukte liefern Ballaststoffe, Vitamine und Mineralstoffe, ohne dabei das Kalorienkonto stark zu belasten. Wagen Sie sich auch mal an neue, unbekannte Lebensmittel. Um zu wissen, ob man etwas mag oder nicht, muss man die Dinge erst mal probieren.

2. Reichlich Getreide und Kartoffeln

Für eine ausreichende Versorgung mit Ballaststoffen sollten täglich Vollkornprodukte auf Ihrem Speiseplan stehen. Brot, Nudeln, Getreide und Getreideflocken sowie Kartoffeln sorgen für eine langanhaltende Sättigung und liefern wertvolle Vitamine, Mineralstoffe und sekundäre Pflanzenstoffe. Wenn der Darm durch die Unverträglichkeit auf Milchbestandteile am Anfang der Ernährungsumstellung noch gereizt ist, vertragen Sie Vollkornbrot aus fein ausgemahlenem Mehl sowie feine Getreideflocken vielleicht besser als grobe Varianten.

3. „Fünf am Tag" bei Gemüse und Obst

Gemüse und Obst sind gesund. Verzehren Sie täglich mindestens 400 oder 500 Gramm Gemüse und 200 Gramm Obst, um ausreichend mit Vitaminen, Mineralstoffen und Ballaststoffen versorgt zu sein. Je nach Verträglichkeit kann Gemüse und Obst roh oder gegart auf den Tisch kommen. Frisches Obst und Gemüse der Saison schmecken natürlich am besten. Aber auch Tiefkühlgemüse und Tiefkühlobst ohne Zusätze enthält reichlich Nährstoffe und wenig Fett. Manchmal wird es sogar besser vertragen, weil durch das Gefrieren die Zellstruktur gelockert ist. Um die wertvollen Inhaltsstoffe zu erhalten, garen Sie Gemüse schonend in wenig Flüssigkeit. Damit die fettlöslichen Vitamine (Vitamin A, D, E, K) besser aufgenommen werden können, geben Sie etwas Pflanzenmargarine oder Pflanzenöl zu den Speisen. Bei einer milchfreien Ernährung fehlen oft die wichtigen Milchsäurebakterien im Darm. Zum Ausgleich essen Sie regelmäßig fermentiertes Gemüse oder trinken milchsauren Saft.

4. Milch und Milchprodukte täglich, Fisch ein- bis zweimal pro Woche, Fleisch, Wurst und Eier in Maßen

Um unseren täglichen Kalziumbedarf zu decken, benötigen wir am Tag drei Portionen Milch oder Milchprodukte. Das sind zum Beispiel eine Portion Joghurt, ein Glas Milch und zwei Scheiben Schnittkäse. Bei einer Laktoseintoleranz greifen Sie zu laktosefreien Milchprodukten oder Pflanzendrinks mit Kalziumzusatz. Die meisten Käsesorten wie Camembert, Schnittkäse und Hartkäse sind von Natur aus laktosearm und werden sehr gut vertragen. So müssen Sie keinen Mangel befürchten. Bei einer Milcheiweißallergie nehmen Sie nur die pflanzlichen, angereicherten Alternativen. Wenn Sie die Pflanzenmilch selbst herstellen, können Sie mit kalziumreichem Gemüse, Nüsse und Mineralwasser Ihren täglichen Kalziumbedarf decken.

Fisch sollte zweimal in der Woche auf den Teller kommen. Er enthält den wichtigen Mineralstoff Jod und die fettreichen Seefische wie Hering, Lachs, Makrele und Thunfisch sind reich an den lebensnotwendigen Omega-3-Fettsäuren. Mit zwei bis drei Portionen Fleisch in der Woche sind Sie bestens versorgt mit

Eisen und den wichtigen B-Vitaminen. Eier sollten in der Woche etwa drei Stück verzehrt werden. Durch den regelmäßigen Verzehr von Fleisch, Fisch und Eiern bekommen Sie ausreichend Eiweiß, um Muskulatur und Organe zu erhalten.

5. Wenig Fett und fettreiche Lebensmittel

Fette und Öle sind lebenswichtig, sie liefern aber weit mehr Energie als andere Nährstoffe. Deshalb kommt es bei dieser Lebensmittelgruppe besonders auf die Qualität und die Menge an. Verwenden Sie hochwertige Pflanzenöle wie Rapsöl oder Olivenöl. Gehen Sie sparsam mit Streichfett um. Unser Körper benötigt nur etwa 60 bis 80 Gramm Fett pro Tag, den größten Anteil davon nehmen wir bereits über versteckte Fette auf, zum Beispiel mit Wurst, Gebäck, Fastfood oder Fertigprodukten.

6. Mit Zucker und Salz sparsam umgehen

Gezuckerte Speisen, ob mit Haushaltszucker, Honig oder Sirup gesüßt, sollten nur gelegentlich verzehrt werden, denn Zucker enthält reichlich Kalorien und fördert die Entstehung von Übergewicht. Gehen Sie mit Salz sparsam um, verwenden Sie stattdessen frische Kräuter und Gewürze.

7. Reichlich Flüssigkeit

Wir benötigen täglich mindestens 1,5 Liter Trinkflüssigkeit. Bei Sport, heißen Temperaturen, aber auch wenn wir Durchfall oder Fieber haben, brauchen wir noch mehr. Ideal ist kalziumreiches Mineralwasser. Falls stark kohlensäurehaltige Getränke Ihre Beschwerden verstärken, greifen Sie zu Wasser mit wenig oder ohne Kohlensäure. Ungesüßte Kräuter- und Früchtetees sind gesunde Durstlöscher für jeden Tag. Auch die Saftschorle bestehend aus einem Teil Saft und vier Teilen Wasser ist geeignet. Kaffee zählt auch zur Trinkflüssigkeit, sollte aber in Maßen (max. drei Becher am Tag) genossen werden.

8. Schonende Zubereitung

Bereiten Sie Gemüse vitaminschonend zu: nicht wässern, nur kurz und in wenig Flüssigkeit dämpfen oder dünsten. Auf diese Weise bleiben der feine Geschmack und der Anteil an wichtigen Vitaminen und Mineralstoffen so weit wie möglich erhalten.

9. Sich Zeit nehmen und genießen

Nehmen Sie sich bewusst Zeit fürs Essen, und essen Sie nicht nebenbei. Unser Verdauungssystem mag keinen Stress. Planen Sie etwas Zeit ein, um das, was Sie essen, gründlich und ohne Hektik zu kauen – das wirkt sich positiv auf den gesamten Verdauungsvorgang aus.

10. In Bewegung bleiben und auf das Gewicht achten

Bewegungsmangel ist eine der Hauptursachen für Darmträgheit und begünstigt damit die Entstehung von Bauchschmerzen und Verstopfung. Bewegen Sie sich täglich mindestens 30 bis 60 Minuten. Besonders geeignet zur Unterstützung des Verdauungssystems sind Ausdauersportarten wie zügiges Spazierengehen, Radfahren, Walken oder Schwimmen.

LECKERE REZEPTE OHNE MILCHPRODUKTE

Auf den folgenden Seiten finden Sie zahlreiche leckere Rezepte, die keine Milch und Milchprodukte enthalten. Lassen Sie sich inspirieren, probieren Sie aus, variieren Sie, wenn Sie mögen. Ob Snack oder Hauptgericht, Suppe oder Dessert – die Rezepte haben eines gemeinsam: Sie werden nicht das Gefühl haben, auf etwas verzichten zu müssen.

FRÜHSTÜCK

Mango-Frühstücksdrink

Rezeptfoto auf Seite 71

Zubereitungszeit: 10 Minuten

Eine Portion enthält:

88 Kilokalorien	17 g Kohlenhydrate
2 g Eiweiß	2 g Ballaststoffe
1 g Fett	

Zutaten für 2 Portionen

½ reife Mango

200 ml Haferdrink

2 EL Haferflocken, blütenzart

1 EL Zitronensaft

1 TL Agavendicksaft oder Honig

Zubereitung

Die Mango schälen, das Fruchtfleisch vom Kern schneiden und grob würfeln. Das Mangofruchtfleisch in einen Mixbecher geben, mit Haferdrink, Haferflocken, Zitronensaft, 100 ml Wasser und Agavendicksaft fein pürieren, bis ein cremiger Drink entstanden ist.

Himbeer-Hafer-Smoothie

Rezeptfoto auf Seite 71

Zubereitungszeit: 5 Minuten

Eine Portion enthält:

128 Kilokalorien	26,5 g Kohlenhydrate
2 g Eiweiß	4 g Ballaststoffe
0 g Fett	

Zutaten für 2 Portionen

100 g Himbeeren, frisch oder TK

1 Banane

1 EL Haferflocken, blütenzart

200 ml Haferdrink

1 EL Honig

Zubereitung

1 Die tiefgekühlten Himbeeren in ein hohes Gefäß geben und 15 bis 20 Minuten antauen lassen.

2 Banane in Stücken, Haferflocken, Haferdrink und Honig zugeben und alles etwa 3 Minuten mit dem Pürierstab zu einem homogenen Smoothie mixen. Sofort auf zwei Gläser verteilen und genießen.

Kokosjoghurt

Zubereitungszeit: 10 Minuten
Reifezeit: 10 Stunden

Eine Portion enthält:

171 Kilokalorien	10 g Kohlenhydrate
5 g Eiweiß	0 Ballaststoffe
12 g Fett	

Zutaten für 600 g (4 Portionen)

250 ml Kokosmilch, mind. 20 % Fett

250 ml Sojadrink

1 TL Agar Agar

1 TL Zucker

100 g Sojajoghurt, fertig gekauft oder

1 Msp. Starterkulturen (milchfreies

Joghurtferment)

Zubereitung

1 Die Kokosmilch und den Sojadrink in einen Kochtopf geben. Mit einem Schneebesen gründlich rühren, Agar Agar und Zucker unterrühren. Die Flüssigkeit unter Rühren zum Kochen bringen und 1 Minute sprudelnd kochen lassen.

2 Den Topf vom Herd nehmen und die Masse abkühlen lassen, bis sie lauwarm ist. Den fertigen Sojajoghurt oder den Starter unterrühren und alles in eine Schüssel umfüllen.

3 Nun muss der Joghurt über 10 Stunden warm gehalten werden, damit er reifen kann. Dazu die Schüssel abdecken, in ein Handtuch einschlagen und an einen warmen Ort stellen. Besonders sicher ist die Zubereitung in einem Joghurtbereiter, der die Temperatur konstant hält.

4 Den Joghurt nach der Reifezeit im Kühlschrank aufbewahren.

TIPP

Wenn Sie regelmäßig Joghurt selbst herstellen, benötigen Sie keine Starterkultur, sondern können immer 100 g des Joghurts für den neuen Ansatz verwenden. Statt mit Sojadrink funktioniert das Rezept auch mit Mandeldrink.

Mandeldrink

Zubereitungszeit: 5 Minuten
Einweichzeit: 5 Stunden

Eine Portion enthält:

217 Kilokalorien	6,5 g Kohlenhydrate
8 g Eiweiß	4,5 g Ballaststoffe
19 g Fett	

Zutaten für 1 Liter (4 Portionen)

150 g Mandeln (mit Schale)

1 Prise Salz

Zubereitung

1 l Wasser aufkochen, die Mandeln damit übergießen, Salz zugeben und 5 Stunden einweichen. Mit dem Pürierstab oder in einem Mixer 5 Minuten mixen. Anschließend durch ein mit einem Küchentuch ausgelegtes oder sehr feines Sieb geben und den Mandeldrink abpressen. Drink in einer Glasflasche aufbewahren.

TIPP

Die übriggebliebene Mandelpaste können Sie für Müsli verwenden oder zu Kuchen- oder Pfannkuchenteig geben.

Aprikosen-Honig-Drink

Zubereitungszeit: 5 Minuten

Eine Portion enthält:

181 Kilokalorien	30 g Kohlenhydrate
9 g Eiweiß	3,5 g Ballaststoffe
2 g Fett	

Zutaten für 2 Portionen

150 g Aprikosen

200 ml Sojadrink

1 EL Blütenhonig

200 ml Orangensaft

1 EL Limettensaft

Zubereitung

Die Aprikosen abspülen, mit einem Messer halbieren und entsteinen. Das Fruchtfleisch etwas klein schneiden und in einen Mixbecher geben. Sojadrink, Honig, Orangensaft und Limettensaft zugeben und alles fein pürieren.

Exotischer Fruchtsalat mit Kokossahne

Zubereitungszeit: 10 Minuten

Eine Portion enthält:

140 Kilokalorien	19 g Kohlenhydrate
1,5 g Eiweiß	4 g Ballaststoffe
5 g Fett	

Zutaten für 2 Portionen

1 EL Zitronensaft

1 Banane

100 g Ananas

60 g Heidelbeeren

1 Kiwi

50 ml Kokoscreme, gekühlt

1 Msp. Guarkernmehl

Zubereitung

1 Zitronensaft mit 1 EL Wasser vermischen. Banane in Scheiben schneiden und in den verdünnten Zitronensaft geben. Das restliche Obst säubern, waschen und in mundgerechte Stücke schneiden.

2 Die kalte Kokoscreme mit dem Rührhaken des Handmixers wie Sahne aufschlagen, dabei vorsichtig das Guarkernmehl einstreuen.

3 Das Obst in zwei Schüsseln geben und mit der Kokossahne anrichten.

Goldene Milch
Rezeptfoto auf Seite 75

Zubereitungszeit: 5 Minuten

Eine Portion enthält:

115 Kilokalorien	12 g Kohlenhydrate
7 g Eiweiß	2,5 g Ballaststoffe
4 g Fett	

Zutaten für 2 Portionen

1 TL Kurkuma, gemahlen

1 EL Honig

½ TL Zimt

etwas schwarzer Pfeffer

400 ml Mandeldrink oder anderer Pflanzendrink

1 TL Mandelöl oder Kokosöl

Zubereitung

100 ml Wasser in einem Kochtopf zum Kochen bringen. Kurkuma, Honig, Zimt und Pfeffer zugeben und 1 Minute köcheln lassen. Mandeldrink und Mandelöl zugeben, nochmals erhitzen, auf zwei Gläser verteilen und heiß genießen.

TIPP

Goldene Milch ist ein Rezept aus dem Ayurveda. Das darin enthaltene Kurkuma soll die Abwehrkräfte stärken.

Beeren-Bowl mit Banane und Nüssen

Rezeptfoto auf Seite 77

Zubereitungszeit: 10 Minuten

Eine Portion enthält:

320 Kilokalorien	40 g Kohlenhydrate
10 g Eiweiß	6 g Ballaststoffe
13 g Fett	

Zutaten für 2 Portionen

200 g gemischte Beerenfrüchte, frisch oder TK

200 g Sojajoghurt

1 EL Honig

1 Banane

1 EL gehobelte Mandeln

1 EL gehackte Walnüsse

1 EL gehackte Cashewkerne

1 EL Chiasamen

Zubereitung

1   Einige schöne Beerenfrüchte aussortieren und für die Garnitur zur Seite legen.

2   Den Sojajoghurt mit den übrigen Beerenfrüchten und dem Honig in ein Gefäß geben und mit dem Pürierstab fein pürieren. Anschließend auf zwei Schüsseln verteilen.

3   Die Banane in Scheiben schneiden und mit den Beerenfrüchten auf dem Fruchtjoghurt verteilen. Mit gehackten Mandeln, Walnüssen, Cashewkernen und Chiasamen bestreuen und servieren.

Dinkel-Pancakes
mit Apfelkompott

Rezeptfoto auf Seite 79

Zubereitungszeit: 20 Minuten

Eine Portion enthält:

363 Kilokalorien	56 g Kohlenhydrate
11,5 g Eiweiß	6 g Ballaststoffe
10 g Fett	

Zutaten für 4 Portionen

2 Eier

150 ml Haferdrink

150 ml Mineralwasser

1 EL Zucker

240 g Dinkelvollkornmehl

1 Msp. Backpulver

1 Prise Salz

2 EL Rapsöl

2 TL Ahornsirup

200 g Apfelkompott

Zubereitung

1 Die Eier mit Haferdrink, Mineralwasser, Zucker, Dinkelmehl, Backpulver und Salz in eine Rührschüssel geben und zu einem glatten Teig verrühren. Anschließend den Teig für 10 Minuten quellen lassen.

2 In einer Pfanne das Öl erhitzen und darin nacheinander 16 kleine Pancakes ausbacken. Fertige Pancakes eventuell auf einen Teller legen und abdecken, damit sie nicht zu schnell abkühlen.

3 Die Pancakes mit Ahornsirup beträufeln und mit dem Apfelkompott servieren.

Quinoa-Müsli mit Früchten

Zubereitungszeit: 35 Minuten

Eine Portion enthält:

232 Kilokalorien	52 g Kohlenhydrate
9 g Eiweiß	6 g Ballaststoffe
8 g Fett	

Zutaten für 2 Portionen

50 g Quinoa

100 g Sojajoghurt

1 EL Honig

1 Prise Zimt

1 Nektarine

1 Banane

2 EL gehackte Mandeln

1 EL Rosinen

Zubereitung

1 Quinoa in ein Sieb geben und unter fließendem Wasser waschen. Quinoa in einem Kochtopf mit 150 ml Wasser aufkochen, zur Seite stellen und 15 Minuten ausquellen lassen.

2 Sojajoghurt mit Honig und Zimt in einer Schüssel verrühren.

3 Die Nektarine mit einem Messer halbieren, den Kern entfernen und das Fruchtfleisch in Spalten schneiden. Die Banane schälen und in Scheiben schneiden.

4 Die lauwarme Quinoa mit dem Joghurt und den Früchten in zwei Schüsseln anrichten, dann Mandeln und Rosinen darüber streuen.

TIPP

Garen Sie die Quinoa bereits am Vorabend, dann geht es morgens schneller.

Frischkorn-Müsli
mit Trauben

Zubereitungszeit: 10 Minuten
Einweichzeit: über Nacht

Eine Portion enthält:

291 Kilokalorien	42,5 g Kohlenhydrate
8 g Eiweiß	8 g Ballaststoffe
9 g Fett	

Zutaten für 2 Portionen

40 g geschroteter Weizen (oder andere Getreide)

100 ml Maracujasaft

1 EL Sonnenblumenkerne

1 EL Leinsamen

1 EL gehackte Walnüsse

1 Apfel

½ Banane

je 50 g helle und dunkle Weintrauben

Zubereitung

1 Das Getreide in eine Schüssel geben, mit dem Maracujasaft übergießen und über Nacht abgedeckt im Kühlschrank einweichen.

2 Morgens das weiche Getreide aus dem Kühlschrank nehmen, Sonnenblumenkerne, Leinsamen und Walnüsse mit einem Löffel unterheben.

3 Den Apfel mit der Schale grob auf einer Küchenreibe reiben und ebenfalls unterheben und das Müsli auf zwei Schüsseln verteilen.

4 Die Banane in Scheiben schneiden und die Weintrauben halbieren. Das Obst zum Müsli servieren.

Mandel-Schoko-Creme

Rezeptfoto auf Seite 83

Zubereitungszeit: 30 Minuten

Eine Portion enthält:

172 Kilokalorien	50 g Kohlenhydrate
2 g Eiweiß	1 g Ballaststoffe
16 g Fett	

Zutaten für 15 Portionen

100 g milchfreie Zartbitterkuvertüre

200 g milchfreie Margarine

2 EL Agavendicksaft

100 g gemahlene Mandeln

Zubereitung

1 Die Zartbitterkuvertüre in eine kleine Schüssel geben und im Wasserbad schmelzen lassen.

2 Die Margarine mit dem Agavendicksaft in einer größeren Schüssel cremig rühren und nacheinander die etwas abgekühlte Kuvertüre und die gemahlenen Mandeln zügig unterrühren.

3 Die Creme in ein Schraubglas füllen und im Kühlschrank aufbewahren.

TIPP

Wenn Sie es gerne knusprig mögen, rühren Sie zusätzlich 30 g gehackte Mandeln unter die Schokocreme.

PIKANTE AUFSTRICHE UND DIPS

Linsen-Tomaten-Aufstrich

Zubereitungszeit: 20 Minuten

Eine Portion enthält:

49 Kilokalorien	5 g Kohlenhydrate
2,5 g Eiweiß	2 g Ballaststoffe
2 g Fett	

Zutaten für 10 Portionen

1 kleine Zwiebel

1 Knoblauchzehe

2 EL Olivenöl

100 g rote Linsen

125 ml Gemüsebrühe

1 TL Kräuter der Provence

3 EL Tomatenmark

Salz, Pfeffer, Chilipulver

Zubereitung

1 Die Zwiebel und die Knoblauchzehe schälen und sehr fein würfeln. In einem kleinen Kochtopf das Olivenöl erhitzen und die Zwiebeln und Knoblauch darin anschwitzen.

2 Linsen, Gemüsebrühe und Kräuter der Provence zugeben und unter ständigem Rühren einmal aufkochen. Die Temperatur etwas reduzieren unter gelegentlichem Rühren etwa 12 Minuten garen. Eventuell noch etwas Brühe hinzugeben, aber nicht zu viel, sonst wird der Aufstrich zu weich.

3 Den Topf vom Herd nehmen, Tomatenmark, Salz, Pfeffer und Chilipulver zugeben und alles mit dem Pürierstab zu einer glatten Creme pürieren.

4 Den Aufstrich in ein Schraubglas füllen und im Kühlschrank aufbewahren.

Würzige Hirsepaste

Zubereitungszeit: 40 Minuten

Eine Portion enthält:

65 Kilokalorien	4 g Kohlenhydrate
0 g Eiweiß	0 g Ballaststoffe
5 g Fett	

Zutaten für 10 Portionen

1 Zwiebel

1 EL Olivenöl

50 g Hirse

100 ml Gemüsebrühe

50 g milchfreie Margarine

1 TL Senf

1 TL Hefeflocken

Salz, Pfeffer, Majoran

Zubereitung

1 Die Zwiebel schälen und fein würfeln. Das Olivenöl in einem kleinen Topf erhitzen und die Zwiebel darin glasig dünsten.

2 Die Hirse in ein Sieb geben und waschen. Zu den Zwiebeln in den Topf geben, mit Gemüsebrühe auffüllen und alles unter Rühren zum Kochen bringen und bei geringer Hitze etwa 30 Minuten bei geschlossenem Deckel garen. Dabei gelegentlich umrühren und eventuell noch etwas Brühe zugeben.

3 Den Topf vom Herd nehmen und den Hirsebrei abkühlen lassen, bis er lauwarm ist. Margarine, Senf, Hefeflocken und Gewürze zum Hirsebrei geben und mit einem Pürierstab zu einem cremigen Aufstrich mixen. Anschließend nochmals abschmecken.

4 Den Aufstrich in ein Schraubglas füllen und im Kühlschrank aufbewahren.

Grüner Kartoffelaufstrich

Rezeptfoto auf Seite 87

Zubereitungszeit: 50 Minuten

Eine Portion enthält:

47 Kilokalorien	5 g Kohlenhydrate
0 g Eiweiß	0 g Ballaststoffe
2,5 g Fett	

Zutaten für 8 Portionen

250 g mehlig kochende Kartoffeln

1 kleine Zwiebel

1 Knoblauchzehe

2 EL Olivenöl

2 EL Hafercreme

1 EL gehackter Schnittlauch

1 EL gehackte Petersilie

Salz, Pfeffer, Muskat

Zubereitung

1 Die Kartoffeln mit der Schale kochen, bis sie weich sind. Das Wasser abgießen, die Kartoffeln abkühlen lassen, pellen und durch die Kartoffelpresse drücken.

2 Zwiebel und Knoblauch schälen und sehr fein würfeln. In einer Pfanne Olivenöl erhitzen, Zwiebeln darin anschwitzen und 2 Minuten garen. Etwas abkühlen lassen und dann unter die Kartoffeln mischen.

3 Hafercreme und Kräuter nacheinander untermischen und zum Schluss den Aufstrich mit Salz, Pfeffer und Muskat würzen.

4 Den Aufstrich in ein Schraubglas füllen und im Kühlschrank aufbewahren.

Pikanter Olivenstreich

Rezeptfoto auf Seite 87

Zubereitungszeit: 10 Minuten

Eine Portion enthält:

82 Kilokalorien	0 g Kohlenhydrate
0 g Eiweiß	0 g Ballaststoffe
8,5 g Fett	

Zutaten für 10 Portionen

250 g schwarze Oliven, ohne Steine

1 Knoblauchzehe

50 g Kapern

1 TL abgeriebene Zitronenschale

1 EL Zitronensaft

5 EL Olivenöl

Salz, Pfeffer

Zubereitung

Die Oliven eventuell entsteinen. Den Knoblauch schälen und würfeln. Die Kapern in einem Sieb abtropfen lassen. Sämtliche Zutaten mit dem Olivenöl und den Gewürzen in ein hohes Gefäß geben und mit dem Pürierstab zu einer homogenen Masse verrühren. Den Aufstrich in ein Schraubglas füllen und im Kühlschrank aufbewahren.

Zucchini-Pesto

Zubereitungszeit: 35 Minuten

Eine Portion enthält:

100 Kilokalorien	2 g Kohlenhydrate
2,5 g Eiweiß	1 g Ballaststoffe
9,5 g Fett	

Zutaten für 8 Portionen

500 g Zucchini

2 Knoblauchzehen

40 g geriebene Mandeln

5 EL Olivenöl

Salz, Pfeffer

Zubereitung

1 Den Backofen auf 200 °C Ober-/Unterhitze vorheizen.

2 Die Zucchini putzen, der Länge nach halbieren und mit der Schnittfläche nach unten auf ein mit Backpapier belegtes Backblech legen. Im Backofen ca. 15 Minuten backen. Die Zucchini etwas abkühlen lassen und in ein hohes Rührgefäß geben. Knoblauch schälen und dazu pressen. Mandeln und Olivenöl zugeben und alles zu einer cremigen Paste mixen. Mit Salz und Pfeffer würzen.

3 Den Aufstrich in ein Schraubglas füllen und im Kühlschrank aufbewahren.

Soja-Frischkäse
Rezeptfoto auf Seite 89

Zubereitungszeit: 5 Minuten
Abtropfzeit: mindestens 24 Stunden

Eine Portion enthält:

147 kcal	13,5 g Kohlenhydrate
17 Eiweiß	5 g Ballaststoffe
3,5 g Fett	

Zutaten für 250 g

500 g Sojajoghurt

1 TL Zitronensaft

½ TL Salz

nach Geschmack:

2 EL gehackter Schnittlauch oder

2 EL gehackte getrocknete Tomaten oder

1 TL grob gemahlener schwarzer Pfeffer

Zubereitung

Den Sojajoghurt mit Zitrone und Salz vermischen. Ein Sieb mit einem Küchentuch auslegen und in eine Schüssel hängen. Die Masse einfüllen und mindestens 24 Stunden im Kühlschrank abtropfen lassen. Der Frischkäse ist nun schon fertig zum Genießen. Er lässt sich aber auch noch verfeinern, zum Beispiel mit Schnittlauch, getrockneten Tomaten oder Pfeffer.

TIPP

Das Frischkäse-Rezept funktioniert auch mit Kokosjoghurt.

Italienische Bohnencreme

Zubereitungszeit: 10 Minuten
Kochzeit: 1,5 Stunden
Einweichzeit: über Nacht

Eine Portion enthält:

70 Kilokalorien	5,5 g Kohlenhydrate
2 g Eiweiß	1 g Ballaststoffe
4 g Fett	

Zutaten für 4 Portionen

150 g weiße Bohnen

1 Zwiebel

1 Kartoffel

1 Lorbeerblatt

4 Knoblauchzehen

4 Stiele Oregano

Saft von 1 Zitrone

4 EL Olivenöl

Salz, Pfeffer

Zubereitung

1   Die Bohnen über Nacht einweichen. Am nächsten Morgen abgießen, in einen Kochtopf geben und mit frischem Wasser wieder auffüllen, so dass die Bohnen gerade bedeckt sind, dann aufkochen.

2   Währenddessen die Zwiebel und die Kartoffel schälen, vierteln und zu den Bohnen geben. Das Lorbeerblatt ebenfalls zugeben und alles zugedeckt etwa 1,5 Stunden köcheln lassen. Eventuell noch etwas Flüssigkeit nachgießen. Wenn die Bohnen weich sind, das Wasser abgießen, dabei ca. 50 ml vom Kochwasser auffangen und zur Seite stellen. Das Lorbeerblatt entfernen.

3   Knoblauch schälen und würfeln, die Oreganoblättchen von den Stielen streifen. Knoblauch, Oregano, Zitronensaft, Olivenöl, Salz und Pfeffer zu den Bohnen geben und alles mit dem Pürierstab fein pürieren. Falls die Creme zu fest ist, noch etwas von dem Bohnenwasser zugeben.

4   Den Aufstrich in ein Schraubglas füllen und im Kühlschrank aufbewahren.

TIPP

Die Creme schmeckt kalt und warm. Besonders gut passt sie zu getoastetem Roggenbrot oder Fladenbrot.

Nuss-Schnittlauch-Paste

Zubereitungszeit: 10 Minuten
Einweichzeit: 1 Stunde

Eine Portion enthält:

164 Kilokalorien	3 g Kohlenhydrate
6 g Eiweiß	2 g Ballaststoffe
14,5 g Fett	

Zutaten für 6 Portionen

100 g Mandeln

50 g Cashewkerne

½ TL Salz

1 EL Olivenöl

1 TL Essig

1 Schalotte

3 EL Schnittlauch, fein gehackt

Zubereitung

1 Die Mandeln und die Cashewkerne in eine Schüssel geben, mit 120 ml Wasser übergießen und 1 Stunde einweichen. Anschließend mit dem Pürierstab pürieren.

2 Salz, Olivenöl und Essig in das Püree geben. Die Schalotte schälen, fein würfeln und ebenfalls zugeben. Alles nochmals pürieren und zum Schluss den Schnittlauch untermischen.

3 Die Paste in ein Schraubglas füllen und im Kühlschrank aufbewahren.

Hefeschmelz zum Überbacken

Zubereitungszeit: 15 Minuten

Eine Portion enthält:

713 Kilokalorien	30 g Kohlenhydrate
5 g Eiweiß	1 g Ballaststoffe
64,5 g Fett	

Zutaten für 1 Auflauf oder Pizza

80 g milchfreie Margarine

1 TL Tomatenmark

40 g Mehl

200 ml Gemüsebrühe

Salz, Pfeffer, Zucker

2 EL Hefeflocken

Zubereitung

1 Die Margarine in einem kleinen Kochtopf zerlassen. Das Tomatenmark zugeben und etwas erwärmen. Das Mehl langsam einstreuen und gut mit der Fettmasse verrühren. Anschließend die Gemüsebrühe unter Rühren zugeben und alles zum Kochen bringen.

2 Unter Rühren etwa 5 Minuten bei geringer Hitze köcheln lassen. Mit den Gewürzen abschmecken. Etwas abkühlen lassen und mit 2 Teelöffeln kleine Kleckse auf Pizza, Quiche oder Auflauf verteilen.

Asiatischer Lupinen-aufstrich

Zubereitungszeit: 25 Minuten
Einweichzeit: über Nacht

Eine Portion enthält:

38 Kilokalorien	2 g Kohlenhydrate
1 g Eiweiß	0,5 g Ballaststoffe
3 g Fett	

Zutaten für 10 Portionen

75 g Lupinenschrot

1 Zwiebel

2 EL Olivenöl

100 ml Gemüsebrühe

1 TL Curry

Koriandergewürz

Kreuzkümmel

1 TL Zucker

2 EL Limettensaft

1 TL Kokosmehl

Zubereitung

1 Lupinenschrot in ein Gefäß geben und mit 200 ml abgekochtem Wasser übergießen. Über Nacht im Kühlschrank einweichen. Dann die Lupinen in einem Sieb abtropfen lassen.

2 Die Zwiebel schälen und hacken. In einem Topf das Öl erhitzen und die Zwiebeln darin anschwitzen. Lupinen, Gemüsebrühe, Curry, Koriander, Kreuzkümmel und Zucker zugeben, dann 20 Minuten köcheln lassen.

3 Alles in ein hohes Gefäß geben und mit dem Pürierstab sehr fein pürieren. Den Limettensaft und das Kokosmehl zugeben und abschmecken.

4 Den Aufstrich in ein Schraubglas füllen und im Kühlschrank aufbewahren.

Lupinen-Apfel-Zwiebel-Aufstrich

Zubereitungszeit: 25 Minuten
Einweichzeit: über Nacht

Eine Portion enthält:

45 Kilokalorien	2 g Kohlenhydrate
2 g Eiweiß	1,5 g Ballaststoffe
3 g Fett	

Zutaten für 10 Portionen

75 g Lupinengritz (gebrochene Lupinen-bohnen)

2 Zwiebeln

½ Apfel

2 EL ÖL

100 ml Gemüsebrühe

1 EL Majoran

Kümmel, gemahlen

Piment

Salz

Pfeffer

Zubereitung

1 Lupinengritz in ein Gefäß geben und mit 200 ml abgekochtem Wasser übergießen. Über Nacht im Kühlschrank einweichen. Die Lupinen in einem Sieb abtropfen lassen.

2 Die Zwiebeln schälen und würfeln. Den Apfel schälen und in kleine Stücke schneiden. Öl in einem Topf erhitzen, die Zwiebeln darin anschwitzen, bis sie glasig sind. Apfel, Lupinen, Gemüsebrühe und Gewürze zugeben und ca. 20 Minuten köcheln lassen. Alles in ein hohes Gefäß geben und mit dem Pürierstab fein pürieren.

3 Den Aufstrich in ein Schraubglas füllen und im Kühlschrank aufbewahren.

Antipasti-Brotaufstrich

Zubereitungszeit: 45 Minuten
Einweichzeit: über Nacht

Eine Portion enthält:

43 Kilokalorien	2 g Kohlenhydrate
1 g Eiweiß	1 g Ballaststoffe
3 g Fett	

Zutaten für 10 Portionen

75 g Lupinenschrot

25 g getrocknete Tomaten

200 g Zucchini

200 g Aubergine

100 g Pilze

1 Zwiebel

1 Knoblauchzehe

Olivenöl

Balsamico

Kräuter der Provence

Salz

Pfeffer

Zubereitung

1 Lupinenschrot in ein Gefäß geben und mit 200 ml abgekochtem Wasser übergießen. Über Nacht im Kühlschrank einweichen. Die Lupinen in einem Sieb abtropfen lassen.

2 Die Tomaten mit kochendem Wasser übergießen und 30 Minuten einweichen, dann das Wasser abgießen und die Tomaten in Streifen schneiden.

3 Den Backofen auf 200 °C Ober-/Unterhitze vorheizen.

4 Zucchini, Aubergine, Pilze, Zwiebeln und Knoblauch putzen und in Stücke schneiden. Alles mit den Tomaten und dem Öl in eine hitzebeständige Form geben und gut mischen. Die Form in den Backofen stellen und das Gemüse garen, bis es weich ist.

5 Das Gemüse in ein hohes Gefäß geben, Essig und Kräuter zugeben und alles pürieren. Mit Salz und Pfeffer würzen.

6 Den Aufstrich in ein Schraubglas füllen und im Kühlschrank aufbewahren.

SUPPEN UND SAUCEN

Kichererbsen-Joghurt-Suppe

Zubereitungszeit: 35 Minuten

Eine Portion enthält:

286 Kilokalorien	34 g Kohlenhydrate
15,5 g Eiweiß	7 g Ballaststoffe
11,5 g Fett	

Zutaten für 6 Portionen

2 Zwiebeln

2 Knoblauchzehen

200 g Möhren

1 Stange Lauch

1 EL Rapsöl

150 g Hackfleisch

Salz, Paprika

200 g Kichererbsen, gekocht

50 g rote Linsen

40 g Quinoa

800 ml Gemüsebrühe

Salz, Pfeffer, Koriander, Kurkuma

Saft von 1 Limette

150 g Sojajoghurt

2 EL gehackte Petersilie

Zubereitung

1 Die Zwiebeln und den Knoblauch schälen und sehr fein würfeln. Die Möhren putzen, schälen und ebenfalls in Würfel schneiden. Den Lauch putzen, der Länge nach einschneiden, unter fließendem Wasser waschen und in Ringe schneiden.

2 In einem Topf Rapsöl erhitzen, darin die Zwiebeln und den Knoblauch anschwitzen. Das Hackfleisch zugeben und krümelig anbraten. Mit Salz und Paprika würzen. Das vorbereitete Gemüse zugeben und mit Gemüsebrühe auffüllen. Anschließend Kichererbsen, Linsen und Quinoa zur Suppe geben und alles 20 Minuten köcheln lassen.

3 Die Suppe mit Salz, Pfeffer, Koriander, Kurkuma und Limettensaft würzen. Den Joghurt unterrühren und die Suppe mit Petersilie bestreut servieren.

Blumenkohl-Mandel-Suppe

Rezeptfoto auf Seite 97

Zubereitungszeit: 40 Minuten

Eine Portion enthält:

133 Kilokalorien	5 g Kohlenhydrate
7 g Eiweiß	5,5 g Ballaststoffe
9,5 g Fett	

Zutaten für 4 Portionen

2 Schalotten

1 Knoblauchzehe

1 Blumenkohl

2 EL Olivenöl

300 ml Gemüsebrühe

200 ml Mandeldrink

Salz, Pfeffer, Muskat

200 g Brokkoli

2 EL gehobelte Mandeln

3 EL Zitronensaft

1 TL abgeriebene Zitronenschale

Zubereitung

1 Die Schalotten und den Knoblauch schälen und fein würfeln. Blumenkohl putzen und in kleine Röschen teilen. Das Olivenöl in einem Topf erhitzen und die Schalotten darin glasig dünsten. Den Knoblauch zugeben und kurz mitdünsten. Blumenkohlröschen in den Topf geben und mit Gemüsebrühe und Mandeldrink auffüllen. Mit Salz, Pfeffer und Muskat würzen. Die Suppe zum Kochen bringen und bei geringer Hitze 20 Minuten köcheln lassen.

2 Den Brokkoli in Röschen zerteilen und in kochendem Salzwasser bissfest kochen. Abgießen und warm stellen. Gehobelte Mandeln in einer beschichteten Pfanne ohne Zugabe von Fett rösten.

3 Die Suppe mit dem Pürierstab fein pürieren und mit Zitronensaft und Zitronenschale verfeinern. Abschmecken und den Brokkoli in die Suppe geben. Mit den gerösteten Mandeln bestreuen und servieren.

Maiscremesuppe mit Bacon

Rezeptfoto auf Seite 97

Zubereitungszeit: 35 Minuten

Eine Portion enthält:

236 Kilokalorien	16 g Kohlenhydrate
10 g Eiweiß	3 g Ballaststoffe
14 g Fett	

Zutaten für 4 Portionen

1 Zwiebel

1 Knoblauchzehe

2 EL Rapsöl

400 g Mais, Konserve

500 ml Gemüsebrühe

200 ml Cashewcreme

Salz, Pfeffer, Curry, Chili

Saft von 1 Limette

8 Scheiben Bacon

5 Stiele Blattpetersilie

Zubereitung

1 Zwiebel und Knoblauchzehe schälen und fein würfeln. In einem Topf das Öl erhitzen, darin Zwiebeln und Knoblauch anbraten.

2 Den Mais abtropfen lassen, zusammen mit der Gemüsebrühe in den Topf geben und 20 Minuten köcheln lassen. Die Cashewcreme einrühren und die Suppe fein pürieren. Noch einmal aufkochen lassen und mit Salz, Pfeffer, Curry, Chili und Limettensaft würzen.

3 Den Bacon in einer Pfanne knusprig braten und zum Entfetten kurz auf Küchenpapier legen. Die Petersilie waschen, trocknen und die Blätter abzupfen. Suppe mit Baconstreifen und Petersilie servieren.

Cremige Pilzsuppe

Zubereitungszeit: 45 Minuten

Eine Portion enthält:

201 Kilokalorien	15,5 g Kohlenhydrate
7 g Eiweiß	5 g Ballaststoffe
13,5 g Fett	

Zutaten für 4 Portionen

2 EL getrocknete Steinpilze

2 Schalotten

150 g Kartoffeln

100 g Pastinake

300 g braune Champignons

3 EL Rapsöl

1 Lorbeerblatt

800 ml Gemüsebrühe

100 g Pfifferlinge

Salz

1 EL Schnittlauchröllchen

100 ml Sojacreme

1 Spritzer Zitronensaft

Pfeffer

Zubereitung

1 Die Steinpilze in 100 ml lauwarmem Wasser 5 Minuten einweichen, dann abgießen, ausdrücken und fein hacken.

2 Schalotten schälen und fein würfeln. Kartoffeln und Pastinake schälen und in grobe Würfel schneiden. Champignons abreiben, putzen und grob würfeln.

3 2 EL Rapsöl in einem Topf erhitzen und die Schalotten darin glasig dünsten. Champignons, Pastinaken und Kartoffeln zugeben und alles 1 Minute anbraten. Steinpilze und Lorbeerblatt dazugeben und mit Gemüsebrühe ablöschen. 15 Minuten bei geringer Hitze kochen lassen.

4 Die Pfifferlinge putzen und trocknen und in einer Pfanne im restlichen Öl (1 EL) kurz anbraten. Salzen und mit Schnittlauch bestreuen.

5 Das Lorbeerblatt aus dem Topf nehmen und die Suppe mit dem Pürierstab pürieren. Sojacreme und Zitronensaft zugeben und noch einmal aufkochen lassen, salzen und pfeffern.

6 Die Suppe mit den Pfifferlingen als Einlage servieren.

Sämige Kartoffelsuppe

Zubereitungszeit: 35 Minuten

Eine Portion enthält:

174 Kilokalorien	20 g Kohlenhydrate
5,5 g Eiweiß	5 g Ballaststoffe
6 g Fett	

Zutaten für 4 Portionen

1 Zwiebel

1 Stange Lauch

2 Möhren

400 g Kartoffeln

2 EL Rapsöl

800 ml Gemüsebrühe

1 Prise Salz

frisch geriebene Muskatnuss

1 TL getrockneter Majoran

100 ml Hafercreme

2 EL gehackte Petersilie

Zubereitung

1 Die Zwiebel schälen und fein würfeln. Den Lauch putzen, der Länge nach einschneiden, unter fließendem Wasser waschen, dann in feine Ringe schneiden. Die Möhren und die Kartoffeln schälen und würfeln.

2 Das Rapsöl in einem Topf erhitzen und zunächst die Zwiebeln darin gut anschwitzen. Das übrige Gemüse ebenfalls in den Topf geben und 2 Minuten anbraten. Danach mit der Gemüsebrühe ablöschen. Salz, Muskat und Majoran zugeben, den Topf verschließen und die Suppe bei geringer Hitzezufuhr für etwa 15 Minuten köcheln lassen.

3 Abschließend die Hafercreme zugeben und die Suppe noch einmal kurz aufkochen lassen. Vor dem Servieren abschmecken und mit der gehackten Petersilie bestreuen.

Indische Fischsuppe

Zubereitungszeit: 40 Minuten

Eine Portion enthält:

379 Kilokalorien	11 g Kohlenhydrate
36 g Eiweiß	5 g Ballaststoffe
24 g Fett	

Zutaten für 4 Portionen

2 Zwiebeln

2 Knoblauchzehen

1 walnussgroßes Stück Ingwer

1 Chilischote

2 Möhren

200 g Staudensellerie

2 EL Rapsöl

1 EL indisches Currypulver

600 ml Gemüsebrühe

250 ml Kokosmilch

Salz, Pfeffer, Kurkuma

500 g Rotbarschfilet

10 Stiele Koriander

Zubereitung

1 Die Zwiebeln und den Knoblauch schälen und fein würfeln. Ingwer schälen, die Chilischote halbieren, entkernen und beides fein hacken. Möhren und Staudensellerie schälen bzw. waschen, putzen und in Würfel schneiden.

2 Das Rapsöl in einem Topf erhitzen und die Zwiebeln darin glasig dünsten. Knoblauch, Ingwer und Chili zugeben. Unter Rühren 2 Minuten andünsten. Das Gemüse und das Currypulver zugeben und mit der Brühe ablöschen. Den Topf schließen und das Gemüse etwa 10 Minuten köcheln lassen. Zum Schluss die Kokosmilch dazugießen und weitere 5 Minuten garen. Mit Salz, Pfeffer und Kurkuma würzen.

3 Das Fischfilet waschen, trockentupfen und in mundgerechte Würfel schneiden. Wenn das Gemüse gar ist, die Fischwürfel in den Topf geben und 5 Minuten in der Suppe gar ziehen lassen, dabei nicht rühren. Koriander abzupfen und vor dem Servieren auf die Suppe streuen.

TIPP

Wer keinen Koriander mag, kann die Suppe auch mit frisch gehackter Minze verfeinern.

Hafersuppe mit Banane

Zubereitungszeit: 15 Minuten

Eine Portion enthält:

250 Kilokalorien	44 g Kohlenhydrate
6 g Eiweiß	5 g Ballaststoffe
3 g Fett	

Zutaten für 2 Portionen

1 Banane

Zitronensaft

500 ml Haferdrink

30 g Haferflocken, fein

1 EL Kakaopulver

2 EL Vanillezucker

Zubereitung

1 Die Banane in Scheiben schneiden, auf zwei Suppenteller verteilen und mit dem Zitronensaft beträufeln, damit die Stücke nicht braun werden.

2 Den Haferdrink aufkochen, die Haferflocken einrühren, dann die Hitze reduzieren und die Haferflocken quellen lassen, bis sie weich sind.

3 Kakaopulver und Vanillinzucker einrühren, die Suppe abschmecken und jeweils über die Bananenscheiben gießen.

Grießsuppe mit Pflaumen

Zubereitungszeit: 20 Minuten

Eine Portion enthält:

140 Kilokalorien	30 g Kohlenhydrate
2 g Eiweiß	3 g Ballaststoffe
2 g Fett	

Zutaten für 2 Portionen

Schale von 1 unbehandelten Zitrone

200 g Pflaumen aus dem Glas

500 ml Mandeldrink

20 g Grieß

2 EL Zucker

Zimt

Zubereitung

1 Die Zitrone heiß waschen, mit Küchenkrepp trocken reiben und mit einem Sparschäler lange Streifen abschälen.

2 Die Pflaumen in einem Sieb abtropfen lassen.

3 Mandeldrink mit der Zitronenschale aufkochen, den Grieß langsam einrühren, die Hitze reduzieren und den Grieß 10 Minuten quellen lassen. Die Zitronenschale aus dem Topf nehmen.

4 Die Suppe mit Zucker süßen und auf zwei Tellern anrichten. Die Pflaumen zur Suppe geben und leicht mit Zimt bestreuen.

Kokos-Mango-Sauce

Zubereitungszeit: 25 Minuten

Eine Portion enthält:

183 Kilokalorien	13 g Kohlenhydrate
1,5 g Eiweiß	1 g Ballaststoffe
14 g Fett	

Zutaten für 4 Portionen

2 Schalotten

2 EL Öl

1 TL brauner Zucker

Saft von ½ Zitrone

200 ml Kokosmilch

200 g Mangofruchtfleisch

Salz, Chiliflocken

Zubereitung

1 Die Schalotten abziehen und fein würfeln. Öl in einem Topf erhitzen und die Schalotten darin farblos anschwitzen. Den Zucker zugeben und etwas karamellisieren lassen. Den Topf vom Herd ziehen und den karamellisierten Zucker sofort mit dem Zitronensaft ablöschen. Den Topf wieder auf den Herd stellen, die Kokosmilch zugeben und alles nochmals kurz aufkochen.

2 Das Mangofruchtfleisch in feine Würfel schneiden. Diese in die kochende Kokosmilch geben und 5 Minuten bei geringer Hitze köcheln lassen. Wenn die Frucht weich ist, alles mit dem Pürierstab 3 Minuten fein pürieren. Die Sauce mit Salz und Chiliflocken würzen.

TIPP

Die Kokos-Mango-Sauce schmeckt sehr gut zu Hähnchenfleisch und Fischgerichten.

Senfsauce

Zubereitungszeit: 30 Minuten

Eine Portion enthält:

123 Kilokalorien	6 g Kohlenhydrate
1,5 g Eiweiß	0 g Ballaststoffe
10,5 g Fett	

Zutaten für 4 Portionen

40 g milchfreie Margarine

30 g Mehl

400 ml Gemüsebrühe

50 ml Sojacreme

1–2 EL Senf

Salz, Pfeffer

etwas Essig

Zubereitung

Die Margarine in einem Topf zerlassen. Das Mehl mit einem Schneebesen einrühren und hell anschwitzen. Die heiße Gemüsebrühe nach und nach angießen und unter ständigem Rühren zum Kochen bringen. Wenn die richtige Konsistenz erreicht ist, noch etwa 10 Minuten bei geringer Hitze köcheln lassen. Sojacreme, Senf, Salz und Pfeffer einrühren und die Sauce mit einem Spritzer Essig abrunden.

TIPP

Die Sauce passt gut zu Fischgerichten und gekochten Eiern.

Kräutersauce

Zubereitungszeit: 40 Minuten

Eine Portion enthält:

201 Kilokalorien	25 g Kohlenhydrate
4 g Eiweiß	3 g Ballaststoffe
10 g Fett	

Zutaten für 4 Portionen

40 g milchfreie Margarine

40 g Mehl

300 ml Gemüsebrühe

200 ml Hafercreme

Salz, Pfeffer, Muskat

1 EL Zitronensaft

3 EL gehackte Kräuter (Schnittlauch, Dill, Petersilie)

Zubereitung

Die Margarine in einem Topf zerlassen. Das Mehl mit einem Schneebesen einrühren und hell anschwitzen. Nach und nach die heiße Gemüsebrühe und die Hafercreme angießen, alles unter Rühren zum Kochen bringen und etwa 10 Minuten bei geringer Hitze köcheln lassen. Die Sauce mit Salz, Pfeffer und Muskat würzen, zuletzt den Zitronensaft und die Kräuter unterrühren.

TIPP

Die Sauce passt gut zu Gemüse wie Kohlrabi oder Blumenkohl. Außerdem zu gekochtem Rindfleisch, Geflügel und Fisch.

HERZHAFTE HAUPTGERICHTE

Brokkoli-Tomaten-Quiche

Zubereitungszeit: 30 Minuten
Kühlzeit: 1 Stunde
Backzeit: 45 Minuten

Eine Portion enthält:

259 Kilokalorien	21,5 g Kohlenhydrate
7 g Eiweiß	2 g Ballaststoffe
16 g Fett	

Zutaten für 1 Springform (24 cm), 12 Stücke

300 g Mehl

180 g milchfreie Margarine

1 Ei

Salz

1 rote Zwiebel

1 EL Olivenöl

300 g Brokkoli

250 g Kirschtomaten

200 g Hafercreme

3 Eier

Salz, Pfeffer, Muskat

2 EL gemahlene Cashewkerne

1 EL Hefeflocken

Zubereitung

1 Mehl mit Margarine, Ei und Salz zu einem glatten Teig verkneten. In Klarsichtfolie wickeln und für ca. 1 Stunde kühl stellen. Eine Springform mit Margarine ausstreichen und zur Seite stellen.

2 Die Zwiebel schälen und fein würfeln. Olivenöl in einem Topf erhitzen und die Zwiebelwürfel darin glasig anschwitzen.

3 Den Brokkoli putzen und in kleine Röschen zerteilen. In einem Topf Salzwasser aufkochen, die Brokkoliröschen 5 Minuten blanchieren, dann das Wasser abgießen. Die Kirschtomaten kurz abwaschen und halbieren.

4 Den Backofen auf 200 °C Ober-/Unterhitze vorheizen. Den vorbereiteten Teig auf einer bemehlten Arbeitsfläche ausrollen und in die Springform legen, dabei einen 2 cm hohen Rand formen.

5 Zwiebeln, Brokkoli und Tomaten auf dem Boden verteilen. Die Hafercreme mit den Eiern verquirlen, kräftig mit Salz, Pfeffer und Muskat würzen, dann gleichmäßig über das Gemüse gießen. Die Cashewkerne mit Hefeflocken vermischen und über die Quiche streuen.

6 Die Quiche in den Ofen geben und auf der unteren Schiene 45 Minuten backen.

Kartoffel-Champignon-Puffer

Rezeptfoto auf Seite 107

Zubereitungszeit: 40 Minuten

Eine Portion enthält:

283 Kilokalorien	31 g Kohlenhydrate
10 g Eiweiß	4 g Ballaststoffe
13 g Fett	

Zutaten für 4 Portionen

800 g Kartoffeln

1 Zwiebel

200 g braune Champignons

4 EL Rapsöl

2 Eier

Salz, Pfeffer

Schnittlauch

Zubereitung

1   Die Kartoffeln schälen und grob raspeln, dann in ein Sieb geben und mit den Händen gut ausdrücken, bis kein Saft mehr austritt. Die Zwiebel ebenfalls schälen und reiben und zu den Kartoffeln geben. Die Champignons abreiben, putzen und mit der Küchenmaschine oder einem großen Messer fein hacken.

2   In einer Pfanne etwas Öl erhitzen und die Pilze etwa 2 Minuten braten. Aus der Pfanne nehmen, auf Küchenkrepp kurz abtropfen lassen und zur Kartoffelmasse geben.

3   Die Eier aufschlagen, in einer Schüssel kurz verschlagen und unter die Kartoffelmasse mischen, alles mit Salz und Pfeffer kräftig würzen.

4   Frisches Öl in der Pfanne erhitzen, nach und nach insgesamt 8 Puffer goldbraun ausbacken, dabei vorsichtig mit dem Pfannenwender umdrehen. Mit Schnittlauch bestreuen und warm servieren.

TIPP

Zu den Puffern passt Apfelkompott und grüner Salat.

Möhrencurry mit Maiskruste

Zubereitungszeit: 40 Minuten
Backzeit: 15 Minuten

Eine Portion enthält:

432 Kilokalorien	39 g Kohlenhydrate
7 g Eiweiß	7,5 g Ballaststoffe
27,5 g Fett	

Zutaten für 4 Portionen

1 Zwiebel

2 Knoblauchzehen

500 g Möhren

300 g Kartoffeln

2 EL Rapsöl

1 TL brauner Zucker

1 EL Garam Masala

200 ml Gemüsebrühe

250 ml Kokosmilch

Salz, Pfeffer, Chili

50 g milchfreie Margarine

100 g Gemüsemais, Konserve

30 g Cornflakes

3 EL Semmelbrösel

Zubereitung

1 Zwiebel und Knoblauch schälen und würfeln. Möhren und Kartoffeln schälen und in grobe Würfel schneiden.

2 Das Rapsöl in einem Topf erhitzen, Zwiebeln und Knoblauch darin kurz anschwitzen, bis die Zwiebeln glasig sind. Möhren und Kartoffeln nach und nach zugeben und für einige Minuten weiter anbraten. Wenn das Gemüse gut angebraten ist, Zucker und Garam Masala untermischen. Mit der Gemüsebrühe auffüllen und alles etwa 15 Minuten bei geschlossenem Deckel köcheln lassen. Die Kokosmilch zugeben und mit Salz, Pfeffer und Chili würzen.

3 Den Backofen auf 200 °C Ober-/Unterhitze vorheizen. Das Curry in eine Auflaufform füllen.

4 Für die Kruste die Margarine in einem Topf zerlassen. Mais, Cornflakes und Semmelbrösel zugeben und alles gut miteinander vermischen. Leicht salzen und auf dem Curry verteilen. Das Curry im Ofen 15 Minuten überbacken

Kartoffelsalat mit Avocado

Zubereitungszeit: 40 Minuten
Zeit zum Durchziehen: 1–2 Stunden

Eine Portion enthält:

219 Kilokalorien	32 g Kohlenhydrate
5 g Eiweiß	4 g Ballaststoffe
7 g Fett	

Zutaten für 4 Portionen

800 g Kartoffeln

2 Schalotten

1 Avocado

50 ml Sojamilch

1 EL Essig

50 ml Rapsöl

1 TL Senf

Salz, Pfeffer

Zubereitung

1 Die Kartoffeln mit der Schale weich kochen, abdampfen lassen und pellen, dann in Scheiben schneiden und zur Seite stellen.

2 Während die Kartoffeln kochen, die Schalotten schälen und in sehr feine Würfel schneiden. Die Avocado halbieren, den Kern entfernen und das Fruchtfleisch mit einem Esslöffel herausnehmen. Die Hälfte der Frucht in Würfel schneiden und zu den Kartoffeln geben.

3 Sojamilch und Essig in ein hohes Rührgefäß geben und mit dem Pürierstab gut vermischen. Das Öl aus einem Messbecher in einem dünnen Strahl einfließen lassen, dabei weiter mixen. Zum Schluss das restliche Avocado-Fruchtfleisch unter die Sauce mixen und die Creme mit Senf, Salz und Pfeffer würzen.

4 Die Sauce unter die Kartoffeln mischen und den Salat abschmecken. Vor dem Servieren 1 bis 2 Stunden ziehen lassen.

Rote Bete mit Cashewcreme

Rezeptfoto auf Seite 111

Zubereitungszeit: 70 Minuten

Eine Portion enthält:

427 Kilokalorien	44 g Kohlenhydrate
12,5 g Eiweiß	12,5 g Ballaststoffe
22,5 g Fett	

Zutaten für 2 Portionen

6 kleine Rote-Bete-Knollen

2 EL Rapsöl

2 Zweige frischer Thymian

grobes Salz

50 g Cashewkerne

1 TL Zitronensaft

Salz, Pfeffer

4 Stiele Blattpetersilie

Zubereitung

1   Den Backofen auf 200 °C Ober-/Unterhitze vorheizen. Die Rote Bete gründlich waschen und bei Bedarf abbürsten. Ein großes Stück Alufolie mit dem Öl bestreichen, die Knollen in die Mitte legen, Thymian und grobes Salz darüber geben und die Folie fest zu einem Päckchen verschließen. Auf ein Blech legen, in den Backofen geben und ca. 1 Stunde backen, bis die Knollen weich sind.

2   Für die Cashewcreme die Cashewkerne in einer Pfanne ohne Fettzugabe hellbraun rösten. Anschließend zum Abkühlen in ein hohes Gefäß geben und mit 100 ml lauwarmem Wasser übergießen. Nach 30 Minuten Zitronensaft, Salz, Pfeffer und Petersilie zugeben und alles mit einem Pürierstab fein pürieren.

3   Die Rote Bete aus der Alufolie nehmen, halbieren und mit der Cashewcreme servieren.

Pizza Margerita

Zubereitungszeit: 40 Minuten
Einweichzeit: 6 Stunden
Backzeit: 12 Minuten

Eine Portion enthält:

619 Kilokalorien	98,5 g Kohlenhydrate
19,5 g Eiweiß	6 g Ballaststoffe
16 g Fett	

Zutaten für 4 Portionen, 1 Blech oder 4 runde Pizzen

10 g frische Hefe

500 g Mehl

½ TL Salz

1 Schalotte

1 Knoblauchzehe

2 EL Olivenöl

1 kleine Dose geschälte Tomaten

Salz, Zucker, Oregano

80 g Cashewkerne

100 ml Wasser

1 EL Hefeflocken

½ TL Salz

1 Handvoll Basilikum, frisch

Zubereitung

1 Die Cashewkerne mit 100 ml Wasser etwa 6 Stunden oder über Nacht einweichen.

2 Die frische Hefe in eine Rührschüssel bröseln und mit einem Schneebesen in 300 ml lauwarmem Wasser so lange rühren, bis sie sich aufgelöst hat. Mehl und Salz zugeben und so lange kneten, bis ein weicher, geschmeidiger Teig entstanden ist. Die Schüssel mit einem feuchten Tuch abdecken und den Teig an einem warmen Ort 1,5 Stunden gehen lassen.

3 Die Schalotte und den Knoblauch schälen und fein würfeln. Das Olivenöl in einem Topf erhitzen, Schalotten und Knoblauch darin gleichmäßig anschwitzen. Die Tomaten zugeben und mit Salz, Zucker und Oregano gut würzen. Nun die Sauce 5 Minuten köcheln lassen. Abschließend mit dem Pürierstab pürieren und abschmecken.

4 Für den Belag die eingeweichten Cashewkerne mit den Hefeflocken und dem Salz fein pürieren. Es soll eine cremige Masse entstehen, evtl. noch etwas Wasser zugeben.

5 Den Backofen auf 220 °C Ober-/Unterhitze vorheizen. Den Teig auf einer bemehlten Arbeitsfläche noch einmal gut durchkneten. Entweder auf Blechgröße ausrollen oder in 4 Portionen als runde Pizzen ausrollen. Die Pizza mit der Tomatensauce bestreichen und den „Cashewkäse" darüber klecksen. 12 Minuten backen, mit frischen Basilikumblättchen bestreuen und servieren.

Kürbis-Ingwer-Salat
mit Sesamsauce

Zubereitungszeit: 25 Minuten
Zeit zum Durchziehen: 1 Stunde

Eine Portion enthält:

133 Kilokalorien	15,5 g Kohlenhydrate
3 g Eiweiß	5 g Ballaststoffe
6 g Fett	

Zutaten für 4 Portionen

1 kleiner Butternutkürbis (ca. 600 g Fruchtfleisch)

1 walnussgroßes Stück Ingwer

1 Apfel

Saft von 1 Zitrone

50 g Tahini (Sesampaste)

1 EL Agavendicksaft oder Honig

Salz

2 EL Kürbiskerne

Zubereitung

1 Den Kürbis mit einem großen Messer halbieren, entkernen, in Spalten schneiden und auf der Küchenreibe grob raspeln. Den Ingwer schälen und fein reiben. Den Apfel waschen, mit der Schale raspeln und mit Kürbis und Zitronensaft in einer großen Schüssel vermischen. Tahini mit dem Agavendicksaft und Salz glattrühren und ebenfalls untermischen. Den Salat ca. 1 Stunde durchziehen lassen.

2 Die Kürbiskerne in einer Pfanne ohne Zugabe von Fett kurz anrösten, bis sie anfangen zu duften, dann sofort aus der Pfanne nehmen und auf einen Teller geben. Wenn die Kerne etwas abgekühlt sind, über den Salat streuen.

TIPP

Tahini ist eine Sesampaste, die zum Beispiel im Naturkostladen, Reformhaus oder gut sortierten Supermärkten erhältlich ist. Es gibt helle und dunkle Pasten, für dieses Gericht verwenden wir die helle, mildere Version aus geschältem Sesam.

Pasta mit würzigem Tomatenpesto

Zubereitungszeit: 30 Minuten

Eine Portion enthält:

420 Kilokalorien	27,5 g Kohlenhydrate
9 g Eiweiß	4 g Ballaststoffe
31 g Fett	

Zutaten für 2 Portionen

20 g getrocknete Tomaten

20 g Pinienkerne

1 TL Hefeflocken

50 g Tomatenmark

1 TL Chiliflocken

1 Prise Salz

5 EL Olivenöl

5 Stiele Petersilie

160 g Spaghetti

Zubereitung

1 Die Tomaten mit heißem Wasser übergießen und 5 Minuten einweichen lassen.

2 Das überschüssige Wasser abgießen und die Tomaten abkühlen lassen.

3 Die Pinienkerne in einer Pfanne ohne Fettzugabe goldbraun rösten. Tomaten, Pinienkerne, Hefeflocken, Tomatenmark, Chiliflocken, Salz, Olivenöl und die abgezupfte Petersilie in ein hohes Gefäß geben mit dem Pürierstab fein zerkleinern.

4 Die Nudeln in reichlich Salzwasser bissfest kochen, abgießen und mit dem Tomatenpesto servieren.

Möhren-Kohlrabi-Rohkost

Rezeptfoto auf Seite 115

Zubereitungszeit: 20 Minuten

Eine Portion enthält:

93 Kilokalorien	7 g Kohlenhydrate
3 g Eiweiß	4 g Ballaststoffe
6 g Fett	

Zutaten für 4 Portionen

300 g Möhren

1 kleine Kohlrabi

Saft von 1 Zitrone

1 TL Senf

2 EL Rapsöl

100 g Sojajoghurt

1 Prise Zucker

Salz, Pfeffer

2 EL frische Kresse

Zubereitung

Möhren und Kohlrabi schälen und beides auf der Küchenreibe grob raspeln. Für das Dressing den Zitronensaft mit Senf, Rapsöl und dem Sojajoghurt gut verrühren. Mit Zucker, Salz und Pfeffer würzen und unter das Gemüse mischen. Den Salat mit der Kresse bestreut servieren.

Nudelauflauf mit Schinken

Rezeptfoto auf Seite 117

Zubereitungszeit: 20 Minuten
Backzeit: 35 Minuten

Eine Portion enthält:

489 Kilokalorien	32 g Kohlenhydrate
25 g Eiweiß	4,5 g Ballaststoffe
29 g Fett	

Zutaten für 4 Portionen

200 g Penne

Salz

150 g gekochter Schinken

200 g Erbsen, TK

4 Eier

200 ml Sojacreme

Pfeffer, Muskat

50 g Semmelbrösel

30 g milchfreie Margarine

Zubereitung

1 Die Nudeln in reichlich Salzwasser bissfest kochen und abgießen.

2 Den Schinken in 1 cm kleine Würfel schneiden. Eine Auflaufform leicht einfetten, mit Nudeln, Schinken und gefrorenen Erbsen befüllen. Alles gründlich miteinander vermischen.

3 Eier und Sojacreme in einer Schüssel mit einer Gabel oder dem Schneebesen verschlagen und kräftig mit Salz, Pfeffer und Muskat würzen. Die Eiercreme über die Nudeln gießen.

4 Den Backofen auf 180 °C Ober-/Unterhitze vorheizen.

5 Margarine in einer kleinen Pfanne erhitzen. Die Semmelbrösel hineingeben und mit einem Holzlöffel langsam rühren, bis sie goldbraun sind. Die Brösel über den Auflauf verteilen und den Auflauf etwa 35 Minuten backen.

TIPP

Wer der Geschmack der Kruste etwas „käsiger" haben möchte, mischt noch 1 EL Hefeflocken unter die Semmelbrösel.

Lachs mit Gurken-Senf-Sauce

Zubereitungszeit: 35 Minuten

Eine Portion enthält:

618 Kilokalorien	11 g Kohlenhydrate
32 g Eiweiß	2 g Ballaststoffe
46 g Fett	

Zutaten für 2 Portionen

2 Schalotten

2 EL milchfreie Margarine

1 EL Mehl

100 ml Weißwein oder Gemüsebrühe

200 ml Sojacreme

1 EL grober Senf

Salz, Pfeffer

½ Salatgurke

250 g Lachsfilet

1 EL Olivenöl

Zubereitung

1 Die Schalotten schälen und fein würfeln. Margarine in einem Topf zerlassen und die Schalotten darin anschwitzen. Mehl darüberstreuen und gut unterrühren. Wein und Sojacreme angießen, unter Rühren zum Kochen bringen und bei geringer Hitze 5 Minuten köcheln lassen. Den Senf zugeben und mit Salz und Pfeffer würzen.

2 Die Gurke schälen und die Kerne herauslösen. Gurken in dünne Scheiben schneiden und zur Sauce geben.

3 Den Lachs in Olivenöl bei mittlerer Hitze von beiden Seiten 3 Minuten anbraten. Mit Salz und Pfeffer würzen und mit der Senfsauce servieren.

TIPP

Dazu passen Salzkartoffeln oder Bandnudeln und ein grüner Salat.

SÜSSES UND DESSERTS

Avocado-Kokos-Eis

Zubereitungszeit: 20 Minuten
Kühlzeit: 3 Stunden

Eine Portion enthält:

226 Kilokalorien	23 g Kohlenhydrate
2 g Eiweiß	3,5 g Ballaststoffe
15 g Fett	

Zutaten für 6 Portionen

200 ml Kokosmilch, gekühlt

1½ Avocados (175 g Fruchtfleisch)

½ Vanilleschote

90 g Zucker

2 EL Limettensaft

20 g Mandelmus

1 Prise Salz

20 g Kokoschips

Zubereitung

1 Die gekühlte Kokosmilch in einem hohen Gefäß mit dem Handrührgerät wie Sahne aufschlagen

2 Avocados halbieren, den Kern herausnehmen und das Fruchtfleisch in einen Standmixer oder ein hohes Rührgefäß geben. Die Vanilleschote längs aufschneiden, das Mark herauskratzen, mit dem Zucker vermischen und zu den Avocados geben. Limettensaft, Mandelmus und Salz ebenfalls zugeben.

3 Nun alles so lange pürieren, bis eine cremige und homogene Masse entstanden ist. Abschmecken und die Eismasse in kleine Gefrierschälchen füllen. Für etwa 3 Stunden ins Gefrierfach stellen.

4 Die Kokoschips in einer Pfanne ohne Fett anrösten bis sie duften. Zur Seite stellen und abkühlen lassen. Wenn das Eis fest ist, auf Teller stürzen und mit Kokoschips bestreut servieren.

Stracciatellaeis
Rezeptfoto auf Seite 121

Zubereitungszeit: 15 Minuten
Gefrierzeit: ca. 30 Minuten (Eismaschine);
ca. 3 Stunden (Gefrierschrank)

Eine Portion enthält:

252 Kilokalorien	22 g Kohlenhydrate
2,5 g Eiweiß	1,5 g Ballaststoffe
17 g Fett	

Zutaten für 6 Portionen

250 ml Kokosmilch

80 g Zucker

200 ml Reisdrink

250 ml Sojacreme

1 Prise Salz

1 TL Johannisbrotkernmehl

50 g milchfreie Zartbitterschokolade

Zubereitung

Die Kokosmilch in einem Topf leicht erwärmen und den Zucker darin auflösen. Etwas abkühlen lassen. Mit Reisdrink, Sojacreme und Salz vermischen. Das Johannisbrotkernmehl mit einem Schneebesen zügig unterrühren. Die Schokolade hacken und unter die Eismasse mischen. Im Gefrierschrank oder in der Eismaschine gefrieren lassen. Anschließend in eine fest verschlossene Dose füllen und im Gefrierschrank aufbewahren.

TIPP

Für alle Eisrezepte gilt: Wenn Sie keine Eismaschine haben, füllen Sie die Eismasse in eine (Metall-)Schüssel, decken sie ab und stellen sie für ein paar Stunden in den Gefrierschrank. Das Eis ca. alle 30 Minuten kräftig durchrühren, damit es gleichmäßig gefriert. Für das Eis auf dem Foto haben wir die Eismasse etwas anfrieren lassen (ca. 1 Stunde) und dann mit zwei Eiswaffeln zu Happen geformt. Anschließend haben wir die Waffeln auf ein Blech gelegt und wieder für 2 Stunden eingefroren.

Vanilleeis

Zubereitungszeit: 20 Minuten
Gefrierzeit: ca. 30 Minuten (Eismaschine);
ca. 3 Stunden (Gefrierschrank)

Eine Portion enthält:

285 Kilokalorien	31 g Kohlenhydrate
4 g Eiweiß	0 g Ballaststoffe
16 g Fett	

Zutaten für 4 Portionen

3 Eigelbe

120 g Zucker

1 Vanilleschote

200 ml Mandeldrink

1 Prise Salz

1 Msp. Kardamon

250 ml Sojacreme

Zubereitung

1 Die Eigelbe in einer Schüssel mit dem Zucker cremig rühren.

2 Die Vanilleschote mit einem spitzen Messer längs aufschneiden und das Mark mit dem Messerrücken herauskratzen. Den Mandeldrink in einem Kochtopf erhitzen, Salz, Kardamon, Vanillemark und Vanilleschote zugeben und alles aufkochen.

3 Etwas von der heißen Milch zu der Eimasse geben und verrühren. Dann die Eimasse in den Topf geben und alles unter Rühren einmal kräftig aufkochen lassen. Vom Herd nehmen, die Vanilleschote entfernen und sofort die Sojacreme unterrühren. Abkühlen lassen.

4 Die Masse im Gefrierschrank oder in der Eismaschine gefrieren lassen. Anschließend in eine fest verschlossene Dose füllen und im Gefrierschrank aufbewahren.

TIPP

Wenn Sie keine Sojacreme verwenden möchten, können Sie diese durch selbst hergestellte Cashewcreme (Rezept Seite 127) ersetzen.

Mandel-Krokant-Eis

Zubereitungszeit: 20 Minuten
Gefrierzeit: ca. 30 Minuten (Eismaschine);
ca. 3 Stunden (Gefrierschrank)

Eine Portion enthält:

475 Kilokalorien	25 g Kohlenhydrate
10 g Eiweiß	3,5 g Ballaststoffe
37,5 g Fett	

Zutaten für 4 Portionen

100 g Mandeln

80 g brauner Zucker

50 g Mandelmus

400 ml Sojacreme

Zubereitung

1 Die Mandeln mit einem stabilen Messer grob hacken. Den Zucker in einem kleinen Kochtopf schmelzen. Die Mandeln zugeben und untermischen. Mit 50 ml Wasser ablöschen und dabei mit einem Holzlöffel ständig rühren, bis der Zucker sich vom Topfboden löst.

2 Mandelmus und Sojacreme in den Topf geben und alles gut verrühren. Vom Herd nehmen und abkühlen lassen.

3 Die Masse im Gefrierschrank oder in der Eismaschine gefrieren lassen. Anschließend in eine fest verschlossene Dose füllen und im Gefrierschrank aufbewahren.

Feines Walnusseis

Zubereitungszeit: 20 Minuten
Gefrierzeit: ca. 30 Minuten (Eismaschine);
ca. 3 Stunden (Gefrierschrank)

Eine Portion enthält:

401 Kilokalorien	22,5 g Kohlenhydrate
7,5 g Eiweiß	1 g Ballaststoffe
31,5 g Fett	

Zutaten für 4 Portionen

100 g Walnüsse

3 Eigelbe

30 g Zucker

50 g Ahornsirup

200 ml Kokosmilch

200 ml Haferdrink

Zubereitung

1 Die Walnüsse in einer Pfanne ohne Fett rösten, bis sie anfangen zu duften. Dann sofort auf einen flachen Teller geben und abkühlen lassen. Anschließend umfüllen und mit dem Pürierstab oder mit einer Mühle fein mahlen.

2 Eigelbe mit Zucker und Ahornsirup cremig rühren. Kokosmilch und Haferdrink zugeben und alles im Wasserbad cremig dicklich aufschlagen. Etwas abkühlen lassen, dann das Walnussmehl unterrühren.

3 Die Masse im Gefrierschrank oder in der Eismaschine gefrieren lassen. Anschließend in eine fest verschlossene Dose füllen und im Gefrierschrank aufbewahren.

Schokopudding mit Grapefruit-Karamell-Sauce

Rezeptfoto auf Seite 125

Zubereitungszeit: 40 Minuten
Kühlzeit: 3 Stunden

Eine Portion enthält:

188 Kilokalorien	34 g Kohlenhydrate
2 g Eiweiß	2 g Ballaststoffe
4,5 g Fett	

Zutaten für 4 Portionen

50 g milchfreie Zartbitterschokolade

250 ml Haferdrink

2 TL Kakaopulver

20 g Speisestärke

80 g brauner Zucker

Saft von einer Grapefruit

Zubereitung

1   Die Schokolade in einem Kochtopf mit 200 ml Haferdrink unter Rühren zum Kochen bringen und schmelzen. Den restlichen Haferdrink mit dem Kakaopulver, der Speisestärke und 30 g Zucker in einer kleinen Schüssel glatt rühren und dann unter ständigem Rühren in den Haferdrink einrühren. Den Pudding einmal aufkochen lassen und vom Herd nehmen.

2   Eine Glasschüssel oder vier kleine Förmchen mit kaltem Wasser ausspülen und den Pudding darauf verteilen. In den Kühlschrank stellen, bis er fest wird.

3   Den restlichen Zucker in einem Topf schmelzen. Mit dem Grapefruitsaft ablöschen und loskochen. Etwas einkochen lassen und abkühlen.

4   Den Pudding auf flache Teller stürzen und mit der Sauce servieren.

Karamellpudding

Zubereitungszeit: 40 Minuten

Eine Portion enthält:

178 Kilokalorien	35 g Kohlenhydrate
2 g Eiweiß	0 g Ballaststoffe
3 g Fett	

Zutaten für 4 Portionen

100 g Zucker

500 ml Reisdrink

30 g Stärke

2 Eigelbe

1 Prise Salz

Zubereitung

1 Den Zucker in einem Kochtopf zum Schmelzen bringen, dabei mit einem Holzlöffel vorsichtig rühren. Wenn der Karamell eine hellbraune Farbe hat, mit 400 ml Reisdrink ablöschen und zum Kochen bringen.

2 Den restlichen Reisdrink mit Stärke, Eigelb und Salz in einer kleinen Schüssel verrühren. Langsam in die kochende Karamellmilch rühren und einmal aufkochen lassen.

3 Den Pudding in eine Schüssel geben und abkühlen lassen, dabei ab und zu umrühren, damit sich keine Haut bildet.

Kirschpfannkuchen

Zubereitungszeit: 20 Minuten

Eine Portion enthält:

494 Kilokalorien	74 g Kohlenhydrate
14 g Eiweiß	2,5 g Ballaststoffe
14 g Fett	

Zutaten für 2 Portionen

250 ml Haferdrink

2 Eier

120 g Mehl

1 Msp. Backpulver

1 Prise Salz

milchfreie Margarine

200 g Kirschen, Glas

1–2 EL brauner Zucker

Zimt

Zubereitung

1 Den Haferdrink mit Eiern, Mehl, Backpulver und Salz in einer großen Rührschüssel zu einem Teig verrühren. Den Teig zugedeckt 10 Minuten ruhen lassen.

2 Die Kirschen abtropfen lassen. Die Margarine in der Pfanne zerlassen, ¼ des Teiges hineingeben und 50 g Kirschen auf dem Teig verteilen. Wenn der Teig auf der Oberseite leicht antrocknet, kann der Pfannkuchen vorsichtig gewendet werden. Die anderen drei Pfannkuchen genauso zubereiten. Die fertigen Pfannkuchen auf einen Teller legen und mit Zucker und Zimt bestreuen.

Marzipancreme mit Erdbeeren

Zubereitungszeit: 25 Minuten
Kühlzeit: 1 Stunde

Eine Portion enthält:

246 Kilokalorien	22 g Kohlenhydrate
11 g Eiweiß	3 g Ballaststoffe
12,5 g Fett	

Zutaten für 4 Portionen

2 Blatt Gelatine

100 ml Orangensaft

1 Ei

2 EL Zucker

100 g Marzipanrohmasse

50 ml Sojacreme

250 g Erdbeeren

Zubereitung

1 Die Gelatine in kaltem Wasser einweichen. Den Orangensaft aufkochen und vom Herd nehmen. Die Gelatine ausdrücken und im Saft auflösen. Etwas abkühlen lassen.

2 Das Ei aufschlagen und in einer Schüssel mit dem Zucker schaumig schlagen. Die Marzipanrohmasse mit den Händen auf die Eiermasse krümeln, dann mit dem Handrührgerät die Masse so lange schlagen, bis sich das Marzipan mit dem Ei verbunden hat.

3 Den Orangensaft und die Sojacreme nach und nach gut unterrühren. Dann das Dessert in Portionsschälchen füllen und 1 Stunde im Kühlschrank fest werden lassen.

4 Die Erdbeeren waschen, putzen, vierteln und zu der Marzipancreme servieren.

Cashewcreme

Zubereitungszeit: 5 Minuten
Einweichzeit: 3 Stunden

Eine Portion enthält:

740 Kilokalorien	28 g Kohlenhydrate
26 g Eiweiß	4 g Ballaststoffe
59 g Fett	

Zutaten für 250 ml

125 g Cashewkerne

Zubereitung

Die Cahewkerne mit 125 ml abgekochtem Wasser in eine Schüssel geben und 3 Stunden einweichen. Mit dem Pürierstab zu einer cremigen Masse mixen. In ein Schraubglas füllen und im Kühlschrank aufbewahren.

TIPP

Die Cahewcreme kann wie flüssige Sahne verwendet werden. Sie passt gut zu Suppen, Saucen und Desserts.

Zwetschgen-Grießknödel mit Nussbröseln
Rezeptfoto auf Seite 129

Zubereitungszeit: 30 Minuten
Ruhezeit: 30 Minuten

Eine Portion enthält:

311 Kilokalorien   40 g Kohlenhydrate

8 g Eiweiß   3 g Ballaststoffe

13 g Fett

Zutaten für 4 Portionen

250 ml Mandeldrink

30 g Zucker

2 EL milchfreie Margarine

80 g Hartweizengrieß

2 Eier

8 Zwetschgen

8 Stück Würfelzucker

Salz

Zimt

2 EL Semmelbrösel

2 EL geriebene Haselnüsse

Zubereitung

1   Den Mandeldrink mit Zucker und 1 EL Margarine in einem Kochtopf zum Kochen bringen. Den Grieß unter kräftigem Rühren einstreuen und 1 Minute kochen. Den Topf vom Herd nehmen, den Grieß etwas abkühlen lassen und die Eier mit einem Schneebesen unterrühren. Abgedeckt 30 Minuten ruhen lassen.

2   Die Zwetschgen waschen, an einer Seite aufschneiden und den Kern entfernen. Je 1 Stück Würfelzucker in die Zwetschge stecken. Die Grießmasse in 8 Portionen teilen, je eine Zwetschge damit umschließen und Knödel formen.

3   In einem großen Kochtopf reichlich leicht gesalzenes Wasser aufkochen. Die Klöße nacheinander vorsichtig in das Wasser geben, das Wasser sollte nicht mehr sprudeln. Die Klöße 10 Minuten garziehen lassen.

4   Die restliche Margarine in einer Pfanne zerlassen. Semmelbrösel, Zimt und Haselnüsse zugeben und etwa 2 Minuten unter Rühren rösten. Die Knödel mit einer Schaumkelle aus dem Wasser nehmen und mit den Bröseln servieren.

Reispudding mit Erdbeersauce

Zubereitungszeit: 20 Minuten

Eine Portion enthält:

217 Kilokalorien	36 g Kohlenhydrate
4 g Eiweiß	3,5 g Ballaststoffe
6 g Fett	

Zutaten für 2 Portionen

300 ml Mandeldrink

25 g Reismehl

20 g Zucker

1 Prise Salz

200 g Erdbeeren, frisch oder TK

2 EL Vanillezucker

Zubereitung

1 Den Mandeldrink in einen Kochtopf geben, aufkochen und den Reis unter Rühren einstreuen. Etwa eine Minute kochen lassen, dann Zucker und Salz unterrühren, den Topf vom Herd nehmen und abkühlen lassen. Dabei den Reis ab und zu umrühren. Wenn er zu fest wird, noch etwas Mandeldrink unterrühren.

2 Für die Sauce die Erdbeeren mit dem Vanillezucker in einem hohen Gefäß pürieren. Den abgekühlten Pudding mit der Sauce servieren.

Luftige Apfel-Zimt-Creme

Zubereitungszeit: 15 Minuten
Gelier- und Kühlzeit: ca. 3 Stunden

Eine Portion enthält:

121 Kilokalorien	16,5 g Kohlenhydrate
7 g Eiweiß	0 g Ballaststoffe
3 g Fett	

Zutaten für 4 Portionen

2 Eier

45 g brauner Zucker

1 Msp. Zimt

1 TL abgeriebene Zitronenschale

2 EL Zitronensaft

2 Blatt Gelatine

125 ml naturtrüber Apfelsaft

1 Prise Salz

Zubereitung

1 Die Eier trennen und das Eiweiß zur Seite stellen. Eigelb mit Zucker und Zimt cremig aufschlagen. Zitronenschale und Zitronensaft gleichmäßig unterrühren.

2 Die Gelatine in kaltem Wasser 5 Minuten einweichen. Den Apfelsaft einmal aufkochen, dann von der Herdplatte nehmen. Die Gelatine ausdrücken, im Apfelsaft auflösen, dann die Flüssigkeit unter die Eigelbmasse rühren. Die Creme abkühlen lassen, bis sie zu gelieren beginnt.

3 Eiweiß mit 1 Prise Salz steif schlagen und locker unter die Creme heben. Die Creme in Portionsschälchen füllen und 2 Stunden kalt stellen.

Orangen-Amarettini-Trifle

Zubereitungszeit: 15 Minuten
Kühlzeit: 1 Stunde

Eine Portion enthält:

144 Kilokalorien	22 g Kohlenhydrate
5 g Eiweiß	2 g Ballaststoffe
3,5 g Fett	

Zutaten für 4 Portionen

2 Orangen

30 g Amarettini

400 g Sojajoghurt

1 EL Zitronensaft

2 EL Honig oder Agavensirup

1 Msp Zimt

1 Msp. Vanillemark

Zubereitung

1 Die Orangen schälen und filetieren. Den austretenden Saft dabei auffangen. Die Amarettini in einen Gefrierbeutel füllen, verschließen, und mit dem Nudelholz zerbröseln. Vier Glaschälchen mit den Bröseln befüllen. Den Orangensaft darüber verteilen und die Brösel einweichen lassen.

2 Den Sojajoghurt mit Zitronensaft, Honig, Zimt und Vanillemark verrühren. Die Masse ebenfalls in die Gläser füllen und mit den Orangenfilets belegen.

3 Das Trifle 1 Stunde im Kühlschrank durchziehen lassen.

Fudge mit Haselnüssen

Zubereitungszeit: 15 Minuten
Kühlzeit: 3 Stunden

Eine Portion enthält:

291 Kilokalorien	19 g Kohlenhydrate
4 g Eiweiß	3 g Ballaststoffe
23 g Fett	

Zutaten für 8 Portionen

100 g Haselnüsse, ganz

100 g milchfreie Zartbitterkuvertüre

100 g Kokoscreme

50 g Zucker

75 g Palmfett oder Kokosfett

1 Prise Salz

Zubereitung

1 Eine flache Form mit Frischhaltefolie auslegen. Die Haselnüsse darauf verteilen.

2 Die Schokolade in Stücke brechen und zusammen mit Kokoscreme, Zucker, Palmfett und Salz im Wasserbad unter Rühren schmelzen. Die flüssige Creme über die Haselnüsse in die Form geben und für mindestens 3 Stunden im Kühlschrank kalt stellen.

3 Das Fudge aus der Form nehmen und in Würfel schneiden.

KUCHEN UND GEBÄCK

Aprikosen-Brownies
Rezeptfoto auf Seite 133

Zubereitungszeit: 15 Minuten
Backzeit: 30 Minuten

Eine Portion enthält:

249 Kilokalorien	25 g Kohlenhydrate
4 g Eiweiß	2 g Ballaststoffe
14,5 g Fett	

Zutaten für 1 rechteckige Backform (20 x 30 cm), 12 Stücke

100 g milchfreie Zartbitterkuvertüre

150 g milchfreie Margarine

3 Eier

120 g brauner Zucker

1 Pck. Vanillezucker

80 g Mehl

1 TL Backpulver

30 g Kakaopulver

8 Aprikosen

Puderzucker

Zubereitung

1 Den Backofen auf 180 °C Ober-/Unterhitze (Umluft 160 °C) vorheizen.

2 Die Kuvertüre mit der Margarine in einem Topf bei geringer Hitze schmelzen lassen. Den Topf vom Herd nehmen und die Kuvertüre abkühlen lassen, bis sie lauwarm ist.

3 Die Eier aufschlagen und in eine Rührschüssel geben. Zucker und Vanillezucker zugeben und mit dem Handmixer sehr schaumig rühren.

4 Mehl, Backpulver und Kakaopulver gut vermischen und mit einem Schneebesen unter die lauwarme Schokoladenmasse rühren, bis sich alles gut miteinander verbunden hat. Zum Schluss die Eigelbmasse vorsichtig unterheben.

5 Den Teig auf einem mit Backpapier ausgelegten Backblech verstreichen. Die Aprikosen waschen, halbieren und entsteinen. Mit der Schnittkante nach unten auf dem Teig verteilen.

6 Im vorgeheizten Backofen etwa 30 Minuten backen. Nach dem Backen abkühlen lassen, mit Puderzucker bestäuben und in kleine Quadrate schneiden.

Himbeertörtchen

Zubereitungszeit: 40 Minuten
Backzeit: 12 Minuten
Kühlzeit: 1 Stunde

Eine Portion enthält:

336 Kilokalorien	39 g Kohlenhydrate
5 g Eiweiß	2 g Ballaststoffe
17,5 g Fett	

Zutaten für 6 kleine Tarteletteförmchen

Für die Tarteletteböden

150 g Mehl

75 g milchfreie Margarine

50 g Zucker

1 Prise Salz

Für die Füllung

2 Eigelbe

20 g Mehl

200 ml Mandeldrink

½ Vanilleschote

40 g Zucker

150 g Sojacreme zum Aufschlagen

120 g Himbeeren

Puderzucker

Zubereitung

1 Mehl, Margarine, Zucker und Salz in eine Schüssel geben und alles mit den Händen zu einem Mürbeteig verkneten. Teig zu einer Kugel formen, etwas flach drücken und in Frischhaltefolie gewickelt 1 Stunde in den Kühlschrank legen.

2 Für die Vanillecreme Eigelb mit Mehl und 50 ml Mandeldrink mit einem Schneebesen glatt rühren. Die Vanilleschote längs aufschneiden und das Mark herauskratzen. Das Vanillemark unter die Eigelbcreme rühren.

3 Den übrigen Mandeldrink mit der Vanilleschote und dem Zucker zum Kochen bringen, dann zur Eigelbcreme geben und zügig mit dem Schneebesen unterrühren. Anschließend die Masse wieder zurück in den Topf geben und erneut aufkochen. Unter Rühren 1 Minute kochen, dann den Topf vom Herd nehmen und die Creme abkühlen lassen. Dabei ab und zu umrühren.

4 Den Backofen auf 180 °C Ober-/Unterhitze (Umluft 160 °C) vorheizen.

5 Den Teig auf einer bemehlten Arbeitsfläche dünn ausrollen und sechs Kreise ausschneiden. Die Tartelletteförmchen mit dem Teig auskleiden und etwa 12 Minuten backen. Aus dem Ofen nehmen und auskühlen lassen.

6 Die Vanilleschote aus dem Pudding entfernen. Die Sojacreme steif schlagen und unter den Pudding heben. Die Törtchen gleichmäßig damit füllen.

7 Die Himbeeren waschen, auf Küchenkrepp abtropfen lassen, dann auf der Creme verteilen. Zum Schluss alles mit Puderzucker bestäuben.

Schneller Kirschauflauf mit Pistazien

Zubereitungszeit: 15 Minuten
Backzeit: 25 Minuten

Eine Portion enthält:

360 Kilokalorien	42 g Kohlenhydrate
9 g Eiweiß	2 g Ballaststoffe
17 g Fett	

Zutaten für 4 Portionen

200 g Sauerkirschen (Glas)

120 g Mehl

1 TL Backpulver

50 g brauner Zucker

1 Prise Salz

50 g milchfreie Margarine

3 EL Orangensaft oder Apfelsaft

2 Eier

3 EL gehackte Pistazien

Zubereitung

1 Den Backofen auf 180 °C Ober-/Unterhitze vorheizen. Die Kirschen abtropfen lassen.

2 Mehl, Backpulver, Zucker und Salz in einer Rührschüssel vermischen. Die Margarine in einem kleinen Kochtopf schmelzen lassen, dann ebenfalls in die Rührschüssel geben. Den Saft und die aufgeschlagenen Eier zugeben und alles mit dem Mixer zügig zu einem Teig verrühren. Dabei nur so lange rühren, bis alle Zutaten gut miteinander verbunden sind. Zum Schluss 2 EL von den gehackten Pistazien unter den Teig heben.

3 Eine Auflaufform einfetten und den Teig einfüllen. Die Kirschen auf dem Teig verteilen und leicht eindrücken. Den Auflauf mit den restlichen Pistazien bestreuen und etwa 25 Minuten backen.

Bienenstich

Zubereitungszeit: 70 Minuten
Backzeit: 30 Minuten

Eine Portion enthält:

250 Kilokalorien   27,5 g Kohlenhydrate

7 g Eiweiß   3 g Ballaststoffe

12,5 g Fett

Zutaten für 1 Springform (∅ 26 cm), 14 Stücke

Für den Teig

1 Würfel frische Hefe

50 g Zucker

100 ml Haferdrink

230 g Mehl

1 Ei

1 Prise Salz

Für den Belag

75 g milchfreie Margarine

75 g Zucker

75 g Hafercreme

200 g gehobelte Mandeln

Für die Creme

1 Pck. Vanillepuddingpulver zum Kochen

2 EL Zucker

1 Pck. Vanillezucker

500 ml Haferdrink

Zubereitung

1 Die Hefe in eine Rührschüssel bröseln und den Zucker darüberstreuen. Haferdrink leicht erwärmen, zur Hefe geben und verrühren, bis sich die Hefe aufgelöst hat. 2 EL Mehl einrühren und den Vorteig abgedeckt an einem warmen Ort 15 Minuten gehen lassen, bis sich Bläschen bilden.

2 Das restliche Mehl, Ei und Salz zum Teig geben und alles mit den Knethaken der Küchenmaschine zu einem glatten Teig verarbeiten. Den Teig abgedeckt mit einem feuchten Tuch an einem warmen Ort etwa 30 Minuten gehen lassen, bis er sich deutlich vergrößert hat.

3 Den Teig auf einer bemehlten Arbeitsfläche rund ausrollen. Eine Springform einfetten und mit dem Teig auskleiden. Mit den Fingern gleichmäßig flachdrücken.

4 Den Backofen auf 200 °C Ober-/Unterhitze vorheizen.

5 Für den Belag die Margarine mit dem Zucker und dem Haferdrink in einem Kochtopf aufkochen. Die gehobelten Mandeln zugeben und die Masse etwa 3 Minuten unter Rühren kochen lassen. Topf vom Herd nehmen, die Masse etwas abkühlen lassen, dann auf dem Teig verteilen.

6 Den Kuchen 30 Minuten backen. In der Form auskühlen lassen, dann herausnehmen und einmal waagerecht durchschneiden.

7 Für die Creme Puddingpulver, Zucker und Vanillezucker mit etwas Haferdrink glatt rühren. Übrigen Haferdrink zum Kochen bringen, das angerührte Puddingpulver hineingeben und aufkochen. Den Topf vom Herd nehmen, die Creme abkühlen lassen und dabei ab und zu umrühren.

8 Den Pudding auf den unteren Kuchenboden streichen. Den oberen Boden in 14 gleichgroße Stücke schneiden, diese auf die Creme setzen und dabei leicht andrücken.

Blaubeertarte

Zubereitungszeit: 15 Minuten
Kühlzeit: 1 Stunde
Backzeit: 25 Minuten

Eine Portion enthält:

368 Kilokalorien	41,5 g Kohlenhydrate
5 g Eiweiß	3 g Ballaststoffe
20 g Fett	

Zutaten für 1 Tarte- oder Springform (Ø 24 cm), 8 Stücke

200 g Mehl

50 g gemahlene Haselnüsse

1 Prise Salz

30 g Zucker

150 g milchfreie Margarine

1 Ei

200 g Blaubeermarmelade

Saft von ½ Zitrone

1 EL Stärke

200 g Blaubeeren

Zubereitung

1 Mehl, Haselnüsse, Salz, Zucker, Margarine, Ei und 2 bis 3 EL kaltes Wasser in eine Schüssel geben und mit den Händen oder den Knethaken der Küchenmaschine zu einem glatten Mürbteig verkneten. Den Teig zu einer Kugel formen, etwas flach drücken und in Frischhaltefolie gewickelt 1 Stunde in den Kühlschrank legen.

2 Die Marmelade mit dem Zitronensaft und der Stärke gut verrühren. Die Blaubeeren untermischen.

3 Den Backofen auf 180 °C Ober-/Unterhitze vorheizen.

4 Zwei Drittel des Teiges auf einer bemehlten Arbeitsfläche ausrollen und eine Tarte- oder Springform damit auskleiden. Dabei einen 2 cm hohen Rand formen. Die Blaubeermasse einfüllen. Den übrigen Teig ausrollen, in 1 cm breite Streifen schneiden und die Tarte damit gitterförmig belegen. Die Tarte etwa 25 Minuten backen.

Getränkte Vanilleküchlein
Rezeptfoto auf Seite 139

Zubereitungszeit: 20 Minuten
Backzeit: 40 Minuten

Eine Portion enthält:

253 Kilokalorien	22 g Kohlenhydrate
5 g Eiweiß	2 g Ballaststoffe
16 g Fett	

Zutaten für 12 Stück

1 Vanilleschote

150 g milchfreie Margarine

80 g Honig

1 Prise Salz

3 Eier

120 g Grieß

80 g gemahlene Mandeln

1 TL Backpulver

100 ml Mandeldrink

Für den Sud

100 ml Orangensaft

30 g Zucker

Zubereitung

1 Den Backofen auf 160 °C Umluft vorheizen.

2 Die Vanilleschote längs aufschneiden und das Mark herauskratzen. Das Vanillemark mit Margarine, Honig und Salz mit einem Schneebesen cremig rühren. Die Eier nach und nach unterrühren. Grieß, Mandeln und Backpulver mischen und zusammen mit dem Mandeldrink unter den Teig rühren.

3 Den Teig in 12 gefettete Mini-Gugelhupfformen füllen und 30 bis 45 Minuten backen. Nach dem Backen 10 Minuten in der Form auskühlen lassen, dann die Küchlein auf flache Teller stürzen.

4 Orangensaft, Zucker und die ausgekratzte Vanilleschote in einen Topf geben, aufkochen und 5 Minuten einkochen lassen. Die Vanilleschote entfernen und die noch warmen Küchlein mit dem Sirup beträufeln.

TIPP

Wenn Sie keine Mini-Gugelhupfformen haben, können Sie auch Muffinformen verwenden, die Sie nur halb befüllen.

Zitronen-Baiser-Muffins

Rezeptfoto auf Seite 141

**Zubereitungszeit: 20 Minuten
Backzeit: 20 Minuten**

Eine Portion enthält:

199 Kilokalorien	25 g Kohlenhydrate
5,5 g Eiweiß	0 g Ballaststoffe
8,5 g Fett	

Zutaten für 12 Stück

Für die Muffins

100 g milchfreie Margarine

1 unbehandelte Zitrone

100 g Zucker

150 g Sojajoghurt

2 Eier

250 g Mehl

2 TL Backpulver

Für das Baiser

2 Eiweiße

100 g Zucker

1 Prise Salz

Zubereitung

1 Den Backofen auf 180 °Ober-/Unterhitze (Umluft 160 °C) vorheizen. Die 12 Mulden einer Muffinform einfetten oder mit Papierförmchen auslegen.

2 Die Margarine in einem Kochtopf schmelzen, den Topf vom Herd nehmen und die Margarine abkühlen lassen.

3 Die Zitrone waschen, auf der Küchenreibe reiben, dann halbieren und auspressen.

4 Zucker, Zitronenschale und -saft, Joghurt und Margarine in einer Rührschüssel miteinander verrühren. Die Eier nach und nach unterrühren. Mehl und Backpulver mischen, zugeben und nur so lange unterrühren, bis sich alle Zutaten miteinander verbunden haben.

5 Den Teig auf Muffinförmchen verteilen und etwa 15 Minuten backen.

6 Das Eiweiß steif schlagen. Zucker und Salz einrieseln lassen und 2 Minuten weiter schlagen. Die Eiweißmasse mit einem Spritzbeutel auf die Muffins spritzen und weitere 5 Minuten backen, bis die Baiserspitzen leicht braun sind.

Orangen-Mohn-Kuchen

Zubereitungszeit: 20 Minuten
Backzeit: 50 Minuten

Eine Portion enthält:

280 Kilokalorien   34 g Kohlenhydrate

6 g Eiweiß   2 g Ballaststoffe

13 g Fett

Zutaten für 1 Kastenform (30 cm),
16 Stück

400 g Mehl

100 g Speisestärke

Salz

1 Backpulver

4 Eier

150 g Zucker

1 Vanillinzucker

150 ml Rapsöl

150 ml Orangensaft

80 g Mohn, gemahlen

Zubereitung

1   Den Backofen auf 160 °C Umluft vorheizen.

2   Mehl, Speisestärke, Salz und Backpulver in einer Schüssel vermischen.

3   In einer weiteren Schüssel die Eier schaumig schlagen, nach und nach Zucker und Vanillinzucker zugeben. Weiter rühren und dabei abwechselnd löffelweise das Mehl, das Öl und den Saft zugeben. Zum Schluss den Mohn unterrühren.

4   Den Teig in eine mit Backpapier ausgelegte Kastenform geben und etwa 50 Minuten backen

Feine Dattelwaffeln

Zubereitungszeit: 40 Minuten

Eine Portion enthält:

229 Kilokalorien	34 g Kohlenhydrate
4 g Eiweiß	2 g Ballaststoffe
8,5 g Fett	

Zutaten für 8 Waffeln

80 g getrocknete Datteln ohne Stein

60 ml Rapsöl

3 EL Honig

1 Prise Salz

1 Ei

200 g Apfelmus

100 ml Mineralwasser

200 g Mehl

1 TL Backpulver

je 1 Msp. Zimt, Kardamon und Piment

Zubereitung

1 Die Datteln sehr fein würfeln.

2 Rapsöl mit Honig und Salz in einer Schüssel cremig rühren. Zuerst das Ei, dann das Apfelmus und das Mineralwasser zügig unterrühren.

3 Das Mehl mit dem Backpulver und den Gewürzen vermischen und alles miteinander unter den Teig rühren. Zum Schluss die Datteln untermischen.

4 Den Teig 10 Minuten zugedeckt ruhen lassen. Ein Waffeleisen leicht einfetten und aus dem Teig nacheinander 8 Waffeln backen.

TIPP

In der Weihnachtzeit schmecken die Waffeln sehr gut mit ½ TL Spekulatiusgewürz statt der angegebenen Gewürze.

„Käse"kuchen mit Mohnfüllung und Kirschen

Rezeptfoto auf Seite 145

Zubereitungszeit: 35 Minuten
Kühlzeit: 1 Stunde
Backzeit: 1 Stunde

Eine Portion enthält:

232 Kilokalorien	31 g Kohlenhydrate
9,5 g Eiweiß	3,5 g Ballaststoffe
17,5 g Fett	

Zutaten für 1 Springform (Ø 24 cm), 12 Stücke

Für den Boden

150 g Dinkelmehl

60 g Zucker

80 g milchfreie Margarine

1 Prise Salz

Für die Käsemasse

75 g milchfreie Margarine

2 unbehandelte Limetten

400 g Seidentofu

200 g Tofu

80 g Honig

1 Prise Salz

1 Pck. Vanillepuddingpulver zum Kochen

Für die Mohnmasse

½ Pck. Vanillepuddingpulver zum Kochen

250 ml Sojadrink

2 EL Zucker

125 g Mohn, gemahlen

Außerdem

370 g Sauerkirschen (Glas)

Zubereitung

1 Das Dinkelmehl mit Zucker, Margarine und Salz in eine Schüssel geben und mit den Knethaken des Mixers rasch zu einem glatten Teig verkneten. Den Teig zu einer Kugel formen, leicht flach drücken und in Frischhaltefolie gewickelt für 1 Stunde in den Kühlschrank legen.

2 Für die „Käse"masse die Margarine in einem Topf schmelzen, vom Herd nehmen und abkühlen lassen. Die Limetten waschen, trocknen, auf einer Küchenreibe die Schale fein abreiben, dann halbieren und den Saft auspressen. Limettenschale und -saft mit Margarine, Seidentofu, Tofu, Honig, Salz und Vanillepuddingpulver mit dem Mixer zu einer glatten Masse verrühren.

3 Für die Mohnmasse das Puddingpulver mit etwas kaltem Sojadrink anrühren. Den restlichen Sojadrink in einen Kochtopf geben und mit Zucker und Mohn zum Kochen bringen. Das angerührte Puddingpulver einrühren und aufkochen lassen. Die fertige Mohnmasse vom Herd nehmen und etwas abkühlen lassen.

4 Den Backofen auf 180 °C Ober-/Unterhitze (Umluft 160 °C) vorheizen.

5 Die Kirschen abtropfen lassen. Eine Springform einfetten. Den Teig auf einer bemehlten Arbeitsfläche ausrollen und die Springform damit auskleiden, dabei einen etwa 3 cm hohen Rand formen. Die Mohnmasse auf dem Boden verstreichen, die Kirschen darauf verteilen. Die „Käse"masse einfüllen und glatt streichen. Den Kuchen etwa 1 Stunde backen. Nach dem Backen in der Form vollständig auskühlen lassen.

TIPP

Ein Sojadrink enthält viel Eiweiß und eignet sich sehr gut zum Aufschäumen von Kaffeespezialitäten.

Schokoladen-Zucchini-Muffins

Zubereitungszeit: 25 Minuten
Backzeit: 30 Minuten

Eine Portion enthält:

294 Kilokalorien	24 g Kohlenhydrate
4,5 g Eiweiß	2 g Ballaststoffe
20 g Fett	

Zutaten für 12 Stück

150 g milchfreie Zartbitterschokolade

200 g Zucchini

150 g Mehl

1 TL Backpulver

2 Eier

150 ml Rapsöl

100 g brauner Zucker

50 g gemahlene Haselnüsse

Zubereitung

1   Den Backofen auf 180 °C Ober-/Unterhitze (Umluft 160 °C) vorheizen. Die 12 Mulden einer Muffinform einfetten oder mit Papierförmchen auslegen.

2   Die Schokolade grob hacken und im Wasserbad schmelzen. Die Zucchini waschen, putzen und auf der Küchenreibe fein reiben.

3   Das Mehl mit dem Backpulver in einer Rührschüssel mischen.

4   Die Eier und das Rapsöl in einer weiteren Schüssel mit dem Schneebesen verquirlen. Dann Zucker, Zucchini und Mehl zugeben und nochmals gut verrühren. Die Haselnüsse und zuletzt die geschmolzene Kuvertüre zügig unterrühren.

5   Die Teigmasse auf die Muffinförmchen verteilen und die Muffins etwa 30 Minuten backen. Wenn sie fertig sind, aus dem Ofen nehmen und in der Form erkalten lassen.

Hefezopf mit Mandeln

Zubereitungszeit: 40 Minuten

Eine Portion enthält:

243 Kilokalorien	38 g Kohlenhydrate
7 g Eiweiß	2 g Ballaststoffe
7 g Fett	

Zutaten für 1 großen Zopf, 12 Stücke

500 g Mehl

½ Würfel Hefe

2 EL Zucker

250 ml Mandeldrink

50 g milchfreie Margarine

1 Prise Salz

1 Ei

50 g Mandeln, gehackt

1 Ei zum Bestreichen

Zubereitung

1 Das Mehl in eine Schüssel sieben. In die Mitte eine Vertiefung drücken und die Hefe hinein bröseln, dann den Zucker zugeben. Den Mandeldrink handwarm erwärmen und davon 4 EL zu der Hefe geben. Mit einer Gabel vermischen, dabei nur wenig Mehl mit einrühren. Die Schüssel mit einem Küchentuch bedecken und den Vorteig 30 Minuten gehen lassen.

2 Die Margarine in einem Topf bei niedriger Temperatur zerlassen und mit Salz und dem restlichen Mandeldrink in die Schüssel geben. Alles mit den Händen zu einem glatten Teig verarbeiten, bis nichts mehr am Schüsselrand kleben bleibt. Den Teig mit einem Tuch abgedeckt etwa 45 Minuten gehen lassen, bis er sich deutlich vergrößert hat.

3 Den Backofen auf 200 °C Ober-/Unterhitze vorheizen.

4 Den Teig aus der Schüssel nehmen, erneut durchkneten und in 3 gleich große Stücke teilen. Daraus 3 Kugeln formen und mit bemehlten Händen auf einer Backunterlage jeweils einen 30 cm langen Strang rollen. Die 3 Teigstränge am oberen Ende fest zusammendrücken und dann zu einem Zopf flechten. Das Ende ebenfalls fest zusammendrücken.

5 Den Zopf mit beiden Händen auf ein mit Backpapier belegtes Blech legen und abgedeckt weitere 15 Minuten gehen lassen. Das Ei verquirlen und den Zopf damit bestreichen.

6 Im vorgeheizten Backofen den Zopf 10 Minuten backen. Dann die Temperatur auf 180 °C reduzieren und weitere 25 Minuten backen.

Apfel-Marzipan-Streuselkuchen

Zubereitungszeit: 30 Minuten
Kühlzeit: 1 Stunde
Backzeit: 40 Minuten

Eine Portion enthält:

300 Kilokalorien	37,5 g Kohlenhydrate
5 g Eiweiß	2 g Ballaststoffe
14 g Fett	

Zutaten für 1 Blech, 20 Stücke

Für die Streusel

80 g milchfreie Margarine

180 g Mehl

100 g Marzipan

½ TL Zimt

Für den Teig

200 g milchfreie Margarine

180 g Zucker

4 Eier

400 g Mehl

½ Pck. Backpulver

100 ml Apfelsaft

1 TL abgeriebene Zitronenschale

Außerdem

5 säuerliche Äpfel

Zubereitung

1 Für die Marzipanstreusel die Margarine mit Mehl, Marzipan und Zimt verkneten. Daraus eine Rolle formen, in Frischhaltefolie wickeln und 1 Stunde kalt stellen.

2 Für den Rührteig die Margarine mit dem Zucker schaumig rühren. Eier nach und nach unterrühren. Mehl und Backpulver mischen und zusammen mit Apfelsaft und Zitronenschale unter den Teig rühren. Dabei nur so lange rühren, bis alle Zutaten gut miteinander verbunden sind.

3 Den Backofen auf 180 °C Ober-/Unterhitze (Umluft 160 °C) vorheizen.

4 Den Teig auf ein mit Backpapier belegtes Backblech streichen. Die Äpfel schälen, vierteln und in dünne Scheiben schneiden und auf dem Teig verteilen. Den Marzipanteig aus dem Kühlschrank nehmen, aus der Folie nehmen, kleine Streusel abreißen und auf den Apfelscheiben verteilen.

5 Den Kuchen etwa 40 Minuten backen.

ANHANG

Rezeptregister

Wichtige Adressen

Hier finden Sie Adressen qualifizierter Ernährungsberater:

Verband der Diätassistenten
www.vdd.de

Verband der Oekotrophologen
www.vdoe.de

Verband für Ernährung und Diätetik
www.vfed.de

Hier finden Sie weiterführende Ernährungsinformationen:

Deutsche Gesellschaft für Ernährung
www.dge.de

Infodienst für Ernährung und Verbraucherschutz (aid)
www.aid.de

Deutscher Allergie und Asthmabund e.V.
www.daab. de

Bibliografische Information der Deutschen Nationalbibliothek
Die Deutsche Nationalbibliothek verzeichnet diese Publikation in der
deutschen Nationalbibliografie; detaillierte bibliografische Daten sind im
Internet über http://dnb.ddb.de/ abrufbar.

ISBN 978-3-89993-948-4 (Print)
ISBN 978-3-8426-8856-8 (PDF)
ISBN 978-3-8426-8857-2 (EPUB)

Fotos:
Titelfoto und Rezeptfotos: Tobias Franz, Franz und Späth GbR – Büro für
Gestaltung, Lübeck, www.fusbfg.de: 1, 2/3, 4/5, 68/69, 71, 75, 77, 79, 83,
87, 89, 97, 107, 111, 115, 117, 121, 125, 129, 133, 139, 141, 145, 152
Fotolia.com: alex9500: 6/7; Sea Wave: 25; cirquedesprit: 41; kondratya: 44,
45, 46, 48, 49, 50, 51; arybickii: 51; Corinna Gissemann: 47; HN Works:
62, 63; PhotoSG: 67; Jiri Hera: 76; natashamam35: 82; svl861: 106;
karepa: 124; 5second: 137; Diana Taliun: 142
iStockphoto.com: CGissemann : 78; Guillermo Perales Gonzalez: 81
123rf.com: Olga Miltsova: 80

© 2017 humboldt
Die Ratgebermarke der Schlütersche Fachmedien GmbH
Hans-Böckler-Allee 7, 30173 Hannover
www.humboldt.de
www.schluetersche.de

Lektorat: Annette Gillich-Beltz, Essen
Layout: Groothuis, Lohfert, Consorten, Hamburg
Covergestaltung: semper smile Werbeagentur GmbH, München
Satz: Die Feder · Werbeagentur GmbH, Wetzlar
Druck und Bindung: FINIDR, s.r.o., Český Těšín, Tschechische Republik

MIX
Papier | Fördert
gute Waldnutzung
FSC® C014138
FSC
www.fsc.org